高校第二课堂教学改革与研究

孙宗魁　著

中国原子能出版社

图书在版编目（CIP）数据

　　高校第二课堂教学改革与研究 / 孙宗魁著. -- 北京 ：
中国原子能出版社, 2024. 10. -- ISBN 978-7-5221
-3689-9

　　Ⅰ. G640

　　中国国家版本馆 CIP 数据核字第 2024HS3233 号

高校第二课堂教学改革与研究

出版发行	中国原子能出版社（北京市海淀区阜成路 43 号　　100048）	
责任编辑	刘　佳	
责任校对	刘　铭	
责任印制	赵　明	
印　　刷	北京厚诚则铭印刷科技有限公司	
经　　销	全国新华书店	
开　　本	787 mm×1092 mm　1/16	
印　　张	14	
字　　数	260 千字	
版　　次	2025 年 1 月第 1 版　2025 年 1 月第 1 次印刷	
书　　号	ISBN 978-7-5221-3689-9　　　　定　价　78.00 元	

前　　言

在当今全球化与信息化加速发展的背景下，教育领域正经历着前所未有的变革。传统的课堂教学模式已经无法完全满足现代社会对高素质人才的需求。随着创新、跨学科思维和实践能力成为社会发展的核心动力，高校教育逐渐向以学生为中心、注重实践与创新的教学模式转变。在这一过程中，第二课堂教学的地位日益凸显。

第二课堂，作为课堂教学的重要补充和延伸，扮演着培养学生综合素质和实践能力的重要角色。与传统的第一课堂相比，第二课堂教学更加强调学生的主动性和参与性，通过多样化的教学方式，帮助学生在实际场景中应用知识、发展技能，并激发他们的创新思维与创造潜力。因此，深入研究第二课堂的教学理论与实践应用，对提升高校人才培养质量具有重要意义。

本书《高校第二课堂教学改革与研究》旨在系统梳理和分析第二课堂的定义、发展历程及其在当代高校教育中的重要性，并通过理论基础、现状分析、改革路径、教学模式创新、评价体系构建、资源整合与利用等多个维度，全面探讨第二课堂教学的改革与创新。

全书共分为八章，结构层次分明，内容涵盖了第二课堂的方方面面。第一章介绍了第二课堂的基本概念、发展历程及其重要性，为后续章节的研究提供了理论基础。第二章探讨了与第二课堂相关的教学理论、教育心理学和教育社会学，帮助读者理解第二课堂教学的理论支撑。第三章通过国内外高校第二课堂的现状调研与对比分析，揭示了当前第二课堂教学中的问题与挑战，并从中汲取成功经验。第四章聚焦高校第二课堂教学改革的必要性、目标、基本原则和具体策略，提出了切实可行的改革路径。

第五章则深入探讨了项目制学习、体验式学习、跨学科融合教学等创新教学模式，展示了第二课堂教学的多样化实践。第六章围绕第二课堂教学评价体系的构建，讨论了评价原则、指标设定及方法工具，为第二课堂教学效果的评估提供了理论和实践依据。第七章分析了校内外资源的整合与利用，特别是信息技术在第二课堂中的应用，展示了如何最大化利用资源来支持教学实践。最后，第八章展望了高校第二课堂教学的未来发展趋势，特别是人工智能教育、全球化背景下的第二课堂及创新与创业教育的融合等热点话题，为未来的教育改革与发展提供了前瞻性思考。

通过这本书，我们希望能够为教育工作者、研究人员以及对教育改革感兴趣的读者提供一个系统、深入的参考工具。同时，也期待本书能够在推动高校第二课堂教学改革和实践创新方面，发挥积极的作用。无论是理论探讨还是实践应用，这本书都力图为第二课堂的深化改革和教育创新贡献一份力量。

我们深知，高校第二课堂的教学改革是一个复杂而持续的过程，仍有许多需要探索和完善的地方。在编写过程中，我们参考了大量国内外的研究成果和实践案例，并进行了深入的分析与反思。然而，限于时间和能力，本书仍可能存在不足之处，恳请读者批评指正。

希望本书能够为中国高校的教育改革和人才培养提供新的视角和方法，推动第二课堂在更广泛的范围内得到应用和发展。未来的教育将是更加开放、更加多元的，我们期待与广大教育工作者一道，推动这一变革的进程，为社会培养更多具有全球竞争力的创新型人才。

最后，感谢所有为本书的编写和出版提供帮助的朋友、同仁和学者们，正是你们的支持和鼓励，使这本书得以顺利完成。

作　者
2024 年 8 月

目　　录

第一章 第二课堂概述

第一节 第二课堂的定义与特征

一、第二课堂的定义

（一）基本定义

第二课堂是指学校在第一课堂（正式课程）之外，为促进学生综合素质和能力提升而开设的各类非正式教育活动和项目。与第一课堂主要以知识传授为核心不同，第二课堂更加注重学生在实践中的综合能力培养。这种教育模式为学生提供了一个在真实环境中应用知识、发展技能和提升素质的平台。

第二课堂活动形式多样，涵盖了社团活动、志愿服务、实习实践、科研训练、文化艺术活动、体育活动等多个方面。每一种活动形式都有其独特的教育功能和价值。例如，学生社团活动不仅可以丰富学生的课余生活，还能培养他们的组织管理能力和团队合作精神；志愿服务活动则通过服务社会、帮助他人，增强学生的社会责任感和奉献精神；实习实践为学生提供了与专业相关的实际工作经验，帮助他们更好地了解职业要求和发展方向。

通过参与第二课堂活动，学生不仅能够巩固和应用在课堂上学到的知识，还能在真实情境中锻炼解决问题的能力。这种实践体验使学生能够面对复杂的现实问题，培养批判性思维和创新能力。同时，第二课堂活动通常需要学生进行团队合作，通过分工协作、共同努力完成任务，学生在此过程中可以提高沟通能力、协调能力和团队协作精神。

此外，第二课堂还是学生领导能力培养的重要平台。在组织和参与各种活动的过程中，学生需要制定计划、组织实施、评估总结，这些过程有助于培养他们的领导能力和管理才能。尤其是担任社团负责人或项目负责人的学生，通过实际操作，学会如何带领团队、如何做出决策、如何解决矛盾和冲突，从而成长为具备领导素质和管理能力的复合型人才。

总体而言，第二课堂作为第一课堂的有益补充，不仅丰富了学生的学习经历，还全面提升了他们的综合素质。通过系统设计和科学管理，第二课堂可以帮助学生更好地适应未来的社会需求，成为具有创新精神和实践能力的高素质人才。这种教育模式的推广和完善，对于提升高校教育质量和学生的全面发展具有重要意义。

（二）第二课堂的类型

1. 社团活动

学生社团是第二课堂的重要组成部分，涵盖学术、文化、艺术、体育等多个领域。通过参与社团活动，学生可以根据自己的兴趣爱好发展特长，同时培养组织管理能力和团队协作精神。每个社团都由学生自发组织和管理，这种自主性让学生在社团活动中有更多的实践机会。例如，学术类社团可以组织学术讲座、论文讨论会、学术竞赛等，帮助学生拓展专业知识；文化类社团可以举办读书会、诗歌朗诵等活动，丰富学生的文化生活；艺术类社团则通过书法、绘画、音乐、舞蹈等艺术活动，提升学生的艺术修养和表现力；体育类社团则组织篮球、足球、羽毛球等体育活动，增强学生的体质和团队精神。参与社团活动的过程中，学生不仅能深入挖掘和发展自己的兴趣爱好，还能在组织和策划活动中提升领导力和执行力。

2. 志愿服务

志愿服务活动不仅是学生回馈社会的重要途径，也是培养学生社会责任感和服务意识的有效方式。通过参与志愿活动，学生可以增强对社会的理解，提升沟通和协调能力。例如，学校组织的社区服务项目、环境保护活动、敬老院慰问等，学生通过实际行动服务社会，增强对社会的责任感和使命感。在与不同人群的交流和互动中，学生学会了如何与他人沟通，如何解决实际问题，同时也提升了自己的同理心和社会适应能力。志愿服务的经历不仅丰富了学生的生活经验，还让他们在奉献中体验到了人生的价值和意义。

3. 实习实践

学校与企业、社会组织合作，安排学生进行实习和实践活动，使学生在真实的工作环境中应用所学知识，积累实际工作经验，提升职业素养。通过实习实践，学生可以将课堂上学到的理论知识运用于实际工作中，加深对专业知识的理解。例如，工科类学生可以在企业的研发部门进行实习，了解产品开发的流程和技术应用；文科类学生可以在媒体、广告公司等单位实习，体验新闻采访、广告策划等实际工作。通过这样的实践机会，学生不仅提高了专业技能，还了解了职场文化和工作要求，增强了职业竞争力，为未来的就业和职业发展打下了坚实的基础。

4. 科研训练

学校鼓励学生参与各类科研项目，通过科研训练，学生可以培养创新思维和科研能力，了解科学研究的基本方法和过程，为将来的学术研究打下基础。科研训练包括参与实验室研究、撰写科研论文、参加学术会议等。在实验室中，学生可以亲身参与科学实验，从中学习如何设计实验、收集和分析数据；在撰写科研论文的过程中，学生学会了如何查阅文献、总结和提炼研究成果；通过参加学术会议，学生可以与专家学者交流，了解最新的研究动态和前沿知识。这些科研经历不仅提高了学生的学术水平，还激发了他们的创新精神和科研热情，为将来的深造和科研工作做好准备。

5. 文化艺术活动

文化艺术活动包括文艺演出、书法绘画、音乐舞蹈等，通过这些活动，学生可以陶冶情操，提升审美能力和艺术素养，丰富校园文化生活。学校定期举办各类文化艺术活动，如迎新晚会、艺术节、书画展、音乐会等，提供展示学生才艺的平台。通过参与这些活动，学生可以接触到丰富的文化艺术形式，培养审美情趣。例如，文艺演出不仅能展现学生的表演才能，还能增强自信心和表现力；书法绘画活动则提高了学生的艺术修养和创作能力；音乐舞蹈活动不仅愉悦身心，还增强了学生的节奏感和身体协调能力。文化艺术活动不仅丰富了学生的课余生活，还提升了他们的综合素质和人文素养。

6. 体育活动

体育活动不仅是增强学生体质的重要途径，也是培养学生坚韧不拔、团结协作精神的有效手段。通过参与各种体育比赛和训练，学生可以养成良好的体育习惯，提升身体素质。学校定期组织各类体育活动，如校内联赛、运动会、健身跑等，为学生提供丰富的体育锻炼机会。例如，篮球、足球等团队运动不仅增强了体能，还培养了学生的团队合作精神和竞争意识；田径、游泳等个人项目则通过不断挑战自我，提升了学生的毅力和自信心。此外，学校还开设了各种体育选修课程和俱乐部，如瑜伽、羽毛球、武术等，让学生可以根据兴趣选择适合自己的体育活动，全面提升身体素质和运动技能。体育活动不仅促进了学生的身体健康，还丰富了校园生活，增强了集体凝聚力和归属感。

总之，第二课堂作为第一课堂的有益补充，具有非常重要的教育功能和育人价值。它不仅为学生提供了展示自我、发展兴趣的平台，还通过多样化的活动形式，促进了学生全面素质的提升。通过系统设计和科学管理，第二课堂可以有效提高学生的综合能力，满足社会对高素质复合型人才的需求。

二、与第一课堂的区别

（一）教学目标

第一课堂主要以学术知识传授为核心目标。课程内容集中在各学科的基础理论、概念和方法，通过系统的讲解和学习，帮助学生建立扎实的知识体系和学术基础。教学目标侧重于学生的认知发展和学术能力的提升，期望通过课堂教学使学生掌握特定领域的专业知识。

相比之下，第二课堂的教学目标更加多元化，侧重于能力培养和综合素质的提升。通过参与各种非正式教育活动，如社团活动、志愿服务、实习实践、科研训练、文化艺术活动和体育活动，学生能够在真实情境中运用所学知识，锻炼解决问题的能力，发展团队合作精神和领导能力。第二课堂注重培养学生的创新思维、实践能力、社会责任感和人际交往能力，旨在促进学生的全面发展。

（二）教学形式

第一课堂以课堂教学为主要形式，教师通过讲授、讨论、实验等方式向学生传授知识。教学活动通常在固定的时间和地点进行，课堂内的师生互动相对集中，教学内容和进度由教师主导。学生主要通过听课、做笔记、完成作业和考试来吸收和巩固所学知识。

第二课堂则以多样化的实践活动为主要教学形式。学生通过参与各种社团活动、志愿服务、实习实践、科研项目、文化艺术活动和体育锻炼，获得不同的学习和锻炼机会。教学活动更加灵活，可以在校内外、线上线下进行，学生的自主性和参与性更强。第二课堂的学习内容和方式更贴近实际生活和社会需求，注重通过实践活动提升学生的综合能力。

（三）评价方式

第一课堂的评价方式主要包括考试、作业、实验报告等，通过量化的成绩评定学生的学术水平和学习效果。这种评价方式注重对学生知识掌握程度的测试和检验，评价结果通常以分数或等级形式呈现，反映学生在特定学科上的学术表现。

第二课堂则更注重过程性评价和综合评价。评价内容包括学生在活动中的参与度、实际表现、团队合作情况、创新能力、实践成果等。评价方式多样，可以通过活动记录、项目报告、作品展示、反思总结、问卷调查等进行。评价标准更加灵活，注重学生的实际进步和综合素质的提升，通过定性和定量相结合的方式，全面反映学生在第二课堂中的成长和发展。

（四）师生关系

在第一课堂中，师生关系主要体现在教学互动上。教师是知识的传授者和课堂的主导者，学生是知识的接受者和学习的主体。课堂内的师生互动主要通过提问、讨论、实验等形式进行，互动频率和深度受到课堂时间和规模的限制。

第二课堂更加注重师生之间、学生之间的合作与互动。教师在第二课堂中往往扮演指导者、支持者和合作者的角色，与学生共同参与活动，提供指导和帮助。学生在活动中有更多的自主权和决策权，师生之间的互动更加平等和多样化。此外，学生之间的合作和互动在第二课堂中也尤为重要，通过团队合作、互助学习、共同完成项目，学生能够互相学习、共同进步，增强团队精神和合作能力。

总的来说，第一课堂和第二课堂在教学目标、教学形式、评价方式和师生关系等方面存在显著区别。第一课堂侧重学术知识的传授和学术能力的提升，第二课堂则通过多样化的实践活动，全面培养学生的综合素质和实际能力。这两种课堂形式相辅相成，共同构成了高校教育的完整体系，为学生的全面发展提供了丰富的学习和成长平台。

三、第二课堂的特征

（一）自主性

第二课堂最大的特征之一是自主性。学生可以根据自己的兴趣爱好和个人需求，自愿选择参加各种活动项目。与第一课堂的必修课程和固定教学内容不同，第二课堂给予学生更多的自由度和选择权。这种自主性不仅激发了学生的参与热情，还培养了他们的自主学习能力和决策能力。例如，学生可以选择加入不同的社团，如文学社、科技协会、志愿者组织等，根据自己的兴趣参与相关活动，进一步发展自己的特长和兴趣。自主性的特点使学生在参与活动的过程中更加积极主动，提升了他们的学习体验和效果。

（二）实践性

第二课堂注重实践性，通过实际操作和社会实践等方式，提高学生的动手能力和实践能力。这种实践性使学生能够在真实情境中应用所学知识，解决实际问题，获得宝贵的实践经验。例如，学生在实习期间可以参与企业的实际工作，了解职业环境和工作流程，提升职业素养；在志愿服务中，可以通过帮助他人和服务社会，增强社会责任感和人际沟通能力。实践性的特点使学生不仅能巩固理论知识，还能在实践中不断成长和进步，增强自身的竞争力和适应能力。

（三）多样性

第二课堂活动具有多样性，涵盖了学术、文化、体育、社会服务等多个领域。学生可以根据自己的兴趣和需求，选择参与不同类型的活动，全面提升自己的综合素质。例如，学术类活动包括学术讲座、科研训练、学术竞赛等；文化类活动包括文艺演出、书法绘画、音乐舞蹈等；体育类活动包括篮球、足球、田径比赛等；社会服务类活动包括社区服务、环保行动、公益项目等。这种多样性不仅丰富了学生的校园生活，还提供了多元化的成长平台，使学生在不同领域中全面发展，培养综合能力和素质。

（四）发展性

第二课堂具有显著的发展性，有助于学生个性发展、兴趣培养和综合素质提升。在第二课堂中，学生可以根据自己的兴趣和特长，选择适合自己的活动，发掘潜力，提升能力。例如，通过参与科研项目，学生可以培养创新思维和科研能力；通过参加艺术活动，学生可以提升艺术修养和审美能力；通过参与体育比赛，学生可以增强体质和团队合作精神。发展性的特点使学生在第二课堂中能够不断挑战自我，超越自我，全面提升自身的综合素质和能力，为未来的学术研究、职业发展和社会生活奠定坚实基础。

总之，第二课堂以其自主性、实践性、多样性和发展性，为学生提供了丰富多彩的学习和成长平台。通过参与第二课堂活动，学生不仅能够在实践中应用和巩固所学知识，还能在多元化的活动中全面提升综合素质和能力，实现全面发展。这种教育模式的实施，不仅丰富了学生的校园生活，还提升了高校的教育质量和学生的整体素质，为社会培养出更多高素质、综合能力强的人才。

四、第二课堂的作用

（一）补充和延伸第一课堂的教育功能

第二课堂在高校教育体系中起到了重要的补充和延伸作用。第一课堂以传授理论知识为主，侧重于学生的学术能力和专业知识的培养。虽然这种方式能够提供系统、科学的理论基础，但在实践能力、综合素质等方面的培养却相对不足。第二课堂正好弥补了这一不足，通过丰富多样的实践活动，帮助学生将理论知识应用于实际生活和工作中，促进知识的转化和应用。

（二）培养学生的创新能力

创新能力是现代社会对高素质人才的重要要求之一。第二课堂通过各种形式的创新活动，如科研训练、项目设计、创客活动等，为学生提供了培养创新思维和创新能力的平台。例如，学生在参与科研项目时，需要提出新颖的研究问题，设计实验方案，解决实验过程中遇到的问题。这一过程不仅锻炼了他们的科研能力，还激发了他们的创新思维和创造力。此外，学校还可以组织各种创新比赛和创业大赛，鼓励学生积极参与，通过实际操作和竞争，提升他们的创新意识和能力。

（三）培养学生的社会责任感

社会责任感是现代公民应具备的重要品质之一。第二课堂通过志愿服务、社会实践、公益活动等方式，培养学生的社会责任感和公共服务意识。例如，学生可以参加社区服务项目，为社区居民提供帮助；参与环保活动，宣传环保知识，保护环境；参加志愿者活动，服务社会弱势群体等。这些活动不仅增强了学生对社会的了解和关心，还培养了他们的同理心和奉献精神，使他们懂得关爱他人、服务社会的重要性，从而成为有责任感、有担当的社会公民。

（四）提升学生的实践能力

实践能力是学生综合素质的重要组成部分。第二课堂通过各种实习实践活动，为学生提供了提升实践能力的机会和平台。学生可以通过参与企业实习、实验室研究、项目实践等活动，积累实际工作经验，提升动手能力和解决问题的能力。例如，学生在企业实习过程中，可以接触到真实的工作环境，了解行业动态，掌握实际操作技能；在实验室研究中，可以亲自设计实验、操作仪器、分析数据，培养科学研究的能力。这些实践经历不仅丰富了学生的学习经历，还提高了他们的职业素养和就业竞争力。

综上所述，第二课堂作为高校教育的重要组成部分，通过补充和延伸第一课堂的教育功能，培养学生的创新能力、社会责任感和实践能力，全面提升了学生的综合素质和能力。它为学生提供了一个实践与理论相结合的平台，使他们能够在真实情境中应用所学知识，解决实际问题，发展个人特长和兴趣，成为全面发展、适应社会需求的高素质人才。通过不断优化和创新第二课堂的内容和形式，高校可以更好地满足学生的发展需求，提升教育质量，为社会培养更多的优秀人才。

第二节　第二课堂的发展历程

一、国际发展概述

（一）早期起源

1. 背景

在 19 世纪末至 20 世纪初，欧美教育界逐渐认识到，仅靠课堂教学难以满足学生全面发展的需求。工业革命带来了社会的快速变迁，社会对具有综合素质和实践能力的高素质人才的需求日益增加。在这种背景下，第二课堂应运而生。教育界开始探索课堂之外的教育形式，以补充和拓展第一课堂的教育功能，帮助学生全面发展。美国常春藤盟校（Ivy League）如哈佛大学、耶鲁大学、普林斯顿大学等，率先开设了丰富多彩的第二课堂活动。这些大学设立了各种学生社团，包括学术社团、艺术社团、体育社团等，鼓励学生在课余时间参与这些活动。牛津大学和剑桥大学作为英国历史悠久的高等学府，也在这一时期开始注重第二课堂的建设。两校不仅设立了众多学术和文化社团，还举办各种形式的辩论赛、戏剧表演、音乐会等，促进学生的综合发展。

2. 目的

通过担任学生社团的负责人或组织各类活动，学生可以锻炼自己的领导能力和管理才能。例如，哈佛大学的学生可以通过担任学术社团的会长，组织学术讲座和研讨会，提升自己的领导力。许多第二课堂活动需要学生进行团队合作，通过分工协作，学生可以学会如何与他人合作，如何在团队中发挥自己的作用。例如，剑桥大学的辩论社团通过团队辩论赛，让学生在实际辩论中学会团队合作和有效沟通。第二课堂活动也注重培养学生的社会责任感。通过参与志愿服务和公益活动，学生可以增强对社会的关心和责任感，提升服务社会的意识。例如，耶鲁大学的学生通过参与社区服务项目，帮助当地居民解决实际问题，培养了他们的社会责任感。

综上所述，第二课堂在欧美国家的早期发展中起到了重要作用，为学生提供了课堂之外的丰富教育体验，促进了他们的全面发展。这一时期的第二课堂活动形式多样、内容丰富，不仅提升了学生的学术能力，还培养了他们的综合素质，为未来的职业发展和社会生活打下了坚实基础。

（二）20 世纪

1. 发展特点

20 世纪初期，第二课堂活动的形式和内容不断丰富，涵盖了体育活动、文化艺术活动、学术研究、社会服务等多个领域。

（1）体育活动：大学开始重视学生的身体健康和体育素质，设立了各类体育俱乐部和运动队。比如，美国的大学体育文化逐渐形成，篮球、橄榄球等运动成为校园生活的重要组成部分。

（2）文化艺术活动：文化艺术活动在 20 世纪的大学校园中蓬勃发展。戏剧社、音乐团、绘画俱乐部等文化艺术团体为学生提供了展示才艺和艺术创作的平台。例如，英国的牛津大学和剑桥大学在这方面尤为突出，戏剧社如牛津剧社（Oxford Playhouse）和剑桥剧社（Cambridge Footlights）培养了许多著名的艺术家。

（3）学术研究：学术类第二课堂活动如学术讲座、研讨会、学术竞赛等日益普及，学生在课堂之外有更多机会参与学术研究和讨论，提升学术素养和研究能力。美国的许多大学设立了荣誉学会和学术俱乐部，鼓励学生深入研究和探索。

（4）社会服务：社会服务类活动也在 20 世纪得到了大发展。许多大学设立了志愿者组织，鼓励学生参与社区服务和公益项目，培养社会责任感。例如，美国的 Peace Corps（和平队）和英国的 Voluntary Service Overseas（海外志愿服务）都为大学生提供了广泛的志愿服务机会。

2. 制度化

随着第二课堂活动的普及和扩展，英美等国家的高等教育机构逐步建立了一套完整的管理和支持体系，以确保这些活动能有效地为学生的全面发展服务。

（1）组织架构：为了更有效地管理和推动第二课堂活动，许多大学成立了专门的学生事务办公室或课外活动中心。这些部门不仅负责日常的活动规划和组织，还处理与学生组织的协调和支持相关事务。通过专门的管理机构，大学能够确保课外活动的多样性和包容性，满足不同学生群体的兴趣和需求。

（2）政策支持：大学通过制定一系列政策和规章制度来规范第二课堂活动，这些政策涵盖活动的申请、审批、资金支持、安全规范等多个方面。明确的管理办法和参与要求不仅有助于维护活动的秩序，还确保所有参与者的权益得到保障。

（3）资源投入：为了支持丰富多彩的第二课堂活动，大学通常会投入大量资源，包括但不限于场地、资金和设备。例如，学生中心、体育馆、音乐和艺术中心等专门设施为各种体育、文艺和社交活动提供了优越的条件。此外，许多大学还会提供资金支持，帮助学生社团组织活动，确保活动的多样性和质量。

（4）评价体系：大学还建立了一套系统的评价体系来监控和评估第二课堂活动的效果。这一体系通常包括定期的活动评估、学生满意度调查、参与度统计等多个维度。通过收集和分析反馈信息，大学能够及时了解活动的优势和不足，进而不断调整和优化活动内容，确保活动能更好地促进学生的成长和发展。

通过这些综合措施，第二课堂活动不仅丰富了学生的大学生活，还为他们提供了实践技能、提升个人素养和实现自我发展的重要平台。

3. 影响

通过第二课堂，学生的学术能力、实践能力和社会交往能力得到了全面提升，学校的教育质量和学生满意度显著提高。

（1）学术能力：第二课堂活动为学生提供了更多的学术交流和研究机会，促进了他们学术能力的提升。学生通过参与学术研讨、研究项目和学术竞赛，培养了批判性思维和研究能力。

（2）实践能力：丰富的实践活动，如实习、志愿服务、创新创业项目等，使学生在实际操作中锻炼了动手能力和解决问题的能力，提升了实践素养。例如，许多大学与企业和社会组织合作，提供实习机会，让学生在真实工作环境中学习和成长。

（3）社会交往能力：第二课堂活动促进了学生之间、师生之间的互动和交流，增强了他们的社会交往能力。通过团队合作、组织活动、参与社团，学生学会了如何与他人协作、沟通和建立人际关系。

（4）教育质量：第二课堂的丰富内容和多样化形式，使学校的教育质量得到了显著提升。学生在课外活动中获得的经验和能力，弥补了第一课堂的不足，全面提高了教育效果。

（5）学生满意度：通过参与各种有意义的第二课堂活动，学生的校园生活变得更加丰富多彩，整体满意度显著提高。他们不仅在学术上有所收获，还在个人素质和社会能力方面得到了全面发展。

总之，20 世纪是第二课堂在国际上蓬勃发展的时期。通过多样化和制度化的发展，第二课堂为学生提供了全面发展的机会，显著提升了他们的综合素质和能力，对高校教育产生了深远的影响。

（三）21 世纪高校第二课堂发展的新趋势

随着教育理念的更新和科技的发展，国际上的第二课堂活动更加多样化和信息化，强调跨学科、跨文化的综合素质培养。这一时期的第二课堂呈现出许多新趋势，并通过典型案例展现出其在教育体系中的重要作用。

1. 信息化

在 21 世纪，信息技术的飞速进步特别是互联网和数字技术的广泛应用，已经革新了高等教育的教学模式，特别是第二课堂活动。现代高校利用这些技术，不仅提高了活动的灵活性和效率，还极大地扩展了其范围和影响力。例如，哈佛大学等顶尖院校通过建立在线社团平台，提供了一个互动丰富的学习和交流环境，使学生可以不受时间和地点的限制，随时参与各种学术和兴趣小组的活动。

此外，虚拟现实（VR）和增强现实（AR）技术的应用在教育领域同样取得了突破性进展。这些技术使得学生能够在完全模拟的环境中进行实验和实践操作，从而不仅降低了物理资源的消耗，还提高了安全性和可访问性，为学生提供了几乎与现实无异的操作体验。

远程交流工具，如视频会议和在线研讨会，已经成为日常学习的一部分。这些工具允许学生无论身在何处，都能与全球的专家和同龄人进行面对面的交流和学习，极大地拓宽了他们的视野和学术网络。以斯坦福大学为例，其远程教育项目不仅使得国际学生能够参与到其高质量的课程中，也使得全球学术交流更加便捷和实时。

这些创新不仅提高了教育活动的质量和效率，还推动了教育公平，使得来自不同背景的学生都能够享受到高质量的教育资源。这种教育技术的融合，无疑为全球高等教育的未来发展开辟了新的道路和可能性。

2. 跨学科

在 21 世纪,教育领域强调跨学科融合,鼓励学生在第二课堂活动中突破传统学科界限,探索多学科交叉的研究与合作。众多大学纷纷建立跨学科研究中心,开展多领域融合的教育项目,以促进学生的全面发展。如麻省理工学院(MIT)的跨学科项目就为学生提供了一个结合工程学、计算机科学与生物学等多个领域的研究平台,支持学生开展边界交叉的创新研究。跨学科项目不仅扩展了学生的知识视野,更重要的是培养了他们的创新思维和综合分析能力。例如,斯坦福大学的 d.school(设计学院)便通过设计思维的方法教授学生如何在不同学科间寻求创新点,这种跨学科的创新训练使学生能够在实际问题解决中更加灵活和高效。

3. 跨文化

全球化背景下,跨文化交流和国际合作成为第二课堂的重要组成部分,培养学生的全球视野和跨文化沟通能力。高校通过各种国际交流项目,促进学生与全球各地同龄人的互动。例如,牛津大学的国际学生交流项目,学生可以到世界各地进行短期学习和文化交流。组织跨文化研讨会和工作坊,讨论全球性问题和跨文化议题。例如,纽约大学(NYU)在全球各地的校区组织跨文化研讨会,学生可以在不同文化背景下进行深入交流和学习。通过语言课程和文化体验活动,帮助学生提升跨文化沟通能力。例如,剑桥大学的语言学习项目,不仅教授语言技能,还通过文化活动深入了解不同国家和地区的文化。

总之,21 世纪的第二课堂活动在信息化、跨学科和跨文化方面展现出新的趋势和特点。通过这些多样化和创新性的活动,学生不仅能够提升学术能力和实践能力,还能培养全球视野和跨文化沟通能力,为未来的发展打下坚实的基础。这一时期的第二课堂活动,充分体现了现代教育理念的更新和科技发展的推动作用,为全球高等教育的发展提供了宝贵的经验和启示。

二、国内发展概述

(一)起步阶段

新中国成立初期,高校主要以课堂教学为主,第二课堂活动较少。以下从背景、活动形式和影响三个方面进行详细阐述。

1. 发展背景

在 20 世纪 50 年代至 70 年代，新中国成立初期，国家的主要任务是恢复和发展经济，教育的重点也放在基础建设和学术知识的传授上。那时的高校教育体制主要借鉴苏联模式，注重专业知识的系统性和科学性培养。课程设置以理论课为主，强调知识的系统传授，意在为国家培养各类专业技术人才。

由于国家刚刚成立，各方面资源有限，高校的教育资源主要集中在课堂教学上，第二课堂活动开展较少。课外活动多以政治学习和思想教育为主，目的是培养学生的爱国主义精神和集体主义观念，增强他们对中国特色社会主义建设的信心和决心。

2. 活动形式

在新中国成立初期，高校的第二课堂活动形式相对单一，主要以政治学习和思想教育为主，文体活动较少，且内容较为有限。

（1）政治学习：高校经常组织学生参加政治学习和报告会，学习党的路线、方针和政策，了解国内外政治形势。学生需要阅读和讨论马列主义经典著作，参加政治学习小组，撰写学习心得。

（2）思想教育：思想教育活动是当时高校第二课堂的重要组成部分。学校通过组织讲座、座谈会、参观革命历史遗址等形式，进行爱国主义和集体主义教育。学生还需要参加劳动实践，体验劳动的艰辛，培养吃苦耐劳的精神。

（3）文体活动：虽然文体活动数量较少，但仍是学生课余生活的一部分。高校会组织一些文艺演出、体育比赛等活动，丰富学生的课外生活。例如，歌咏比赛、舞蹈表演、篮球比赛等活动，虽然不多，但为学生提供了一定的休闲娱乐机会。

3. 第二课堂的影响

由于新中国成立初期高校主要以课堂教学为主，第二课堂活动较少，学生的课外生活较为单一，综合素质培养的途径有限。这一时期的教育特点对学生产生了以下几个方面的影响：

（1）课外生活单一：学生的课外生活主要集中在政治学习和思想教育上，缺乏多样化的活动形式。学生在课外活动中的选择较少，生活相对单调。

（2）综合素质培养有限：由于第二课堂活动较少，学生在实践能力、创新能力、社会交往能力等方面的培养机会有限。这一时期的教育重点在于知识传授，忽视了学生综合素质的全面提升。

（3）社会责任感强：尽管活动形式单一，但通过政治学习和思想教育，学生的爱国主义精神和社会责任感得到了增强。他们普遍具有较强的集体主义观念和为国家建设服务的热情。

（4）缺乏多样性发展机会：由于第二课堂活动形式和内容的局限，学生在个性发展、兴趣培养和多样性发展方面的机会较少。这在一定程度上限制了学生全面发展和个性化成长的空间。

总之，新中国成立初期的高校教育以课堂教学为主，第二课堂活动较少，主要集中在政治学习和思想教育方面。虽然在一定程度上增强了学生的爱国主义精神和社会责任感，但由于活动形式单一，学生的综合素质培养和多样性发展机会较为有限。这一阶段的教育特点和实践，为后来的教育改革和第二课堂的发展提供了宝贵的经验和教训。

（二）发展阶段

1. 发展阶段的时代背景

改革开放后，国家对教育的重视程度显著提高，教育体制改革不断深入。随着社会经济的快速发展，国家需要培养大量具有创新精神和实践能力的高素质人才。高校逐步认识到，仅靠课堂教学难以全面满足社会对人才的需求，第二课堂作为第一课堂的重要补充，越来越受到重视。

在这一背景下，高校开始探索和推动第二课堂的发展，旨在通过丰富多样的课外活动，培养学生的综合素质和实践能力。国家出台了一系列政策，鼓励高校创新教育模式，完善教育体系，提高教育质量。高校纷纷设立了专门的机构和组织，负责第二课堂的规划和管理，推动其制度化和规范化发展。

2. 发展特点

（1）多样化

在改革开放的推动下，国内高校的第二课堂活动形式和内容逐渐丰富，呈现出多样化的发展特点。

①学生社团：各类学生社团如雨后春笋般涌现，涵盖学术、文化、艺术、体育等

多个领域。例如，学术类社团可以组织学术讲座、论文讨论会，文化类社团可以举办读书会、电影赏析，艺术类社团可以开展音乐会、舞蹈表演，体育类社团则组织各类体育比赛和训练。

② 文艺活动：高校开始注重文艺活动的开展，丰富学生的文化生活。例如，学校会定期举办校园文化节、艺术节、文艺晚会等活动，让学生有机会展示才艺，提升艺术修养。

③ 体育赛事：体育活动逐渐成为学生课外生活的重要组成部分。高校定期举办校内联赛、运动会等体育赛事，鼓励学生积极参与，增强体质和团队合作精神。

④ 科技创新：高校大力支持学生开展科技创新活动，设立创新实验室、科技俱乐部等平台，鼓励学生参与科技创新项目和竞赛。例如，全国大学生创新创业大赛、挑战杯等赛事，为学生提供了展示创新成果的平台。

（2）制度化

随着第二课堂活动的不断发展，高校逐步建立起了完善的管理和支持体系，使第二课堂活动走向制度化和规范化。

① 机构设置：高校普遍设立了学生工作处或共青团组织，专门负责第二课堂活动的规划和组织。这些机构不仅提供资源和支持，还制定相关政策和制度，确保活动的有序开展。

② 政策保障：高校制定了一系列政策文件，明确第二课堂活动的管理办法和参与要求，保障活动的规范性和有效性。例如，学生社团的注册管理办法、活动经费的申请和使用规定等。

③ 资源投入：高校在第二课堂活动中投入了大量资源，包括场地、资金、设备等，为学生提供良好的活动环境。例如，建设学生活动中心、体育馆、艺术中心等场所，满足学生多样化的活动需求。

④ 评价体系：高校建立了对第二课堂活动的评价体系，定期评估活动效果，听取学生反馈，不断改进和优化活动内容和形式。例如，通过问卷调查、活动总结、成果展示等方式，评估活动的效果和学生的参与度。

（3）发展课堂的影响

随着第二课堂的逐步发展，学生的课外生活变得丰富多彩，综合素质和能力得到显著提升，对学生和高校产生了深远的影响。

① 丰富学生生活：第二课堂活动的多样化使学生的课外生活更加丰富多彩，增强

了学生的校园体验和归属感。例如，通过参与各种社团活动、文艺演出和体育比赛，学生的课余时间变得充实而有意义。

② 提升综合素质：通过第二课堂活动，学生在实践能力、创新能力、社会交往能力等方面得到了显著提升。例如，参与科技创新项目锻炼了学生的科研能力和创新思维，参加社会服务活动增强了他们的社会责任感和服务意识。

③ 增强团队合作精神：许多第二课堂活动需要团队合作，通过分工协作，学生学会了如何与他人合作，如何在团队中发挥自己的作用。例如，参与团队比赛和项目合作，学生的团队合作精神和领导能力得到了培养和提升。

④ 促进个性发展：第二课堂为学生提供了展示自我和发展兴趣的平台，促进了学生的个性发展。例如，学生可以根据自己的兴趣选择参与不同类型的活动，发掘和发展自己的特长和爱好。

总之，20 世纪 80 年代以后，随着改革开放和教育改革的推进，第二课堂在国内高校逐步发展起来，活动内容和形式日益丰富，逐渐走向多样化和制度化。第二课堂不仅丰富了学生的课外生活，还显著提升了学生的综合素质和能力，为高校教育质量的提升和学生的全面发展做出了重要贡献。

（三）当前阶段

进入 21 世纪，国内高校高度重视第二课堂的建设，逐步形成了以学生社团、实践活动、创新创业教育等为主的第二课堂体系，受到广大学生的欢迎和参与。

1. 当前第二课堂发展的新特点

（1）系统化

随着教育理念的更新，许多高校将第二课堂纳入整体教育规划，建立了完善的第二课堂体系和管理机制。

① 整体规划：高校将第二课堂与第一课堂有机结合，制定系统的第二课堂发展规划，确保活动的科学性和系统性。例如，制定年度第二课堂活动计划，涵盖各类学术、文化、体育、社会服务等活动，形成系统化的教育体系。

② 管理机制：高校设立专门的第二课堂管理机构，如学生工作处、共青团委员会等，负责统筹规划、组织实施和评估反馈，确保第二课堂活动的有序开展。例如，建立学生社团注册和管理制度，规范社团活动，提供资源支持和指导。

③ 政策支持：高校出台了一系列政策文件，明确第二课堂的管理办法和参与要求，

提供政策保障。例如，设立第二课堂学分制，鼓励学生积极参与课外活动，并将其纳入学生综合素质评价体系。

（2）多元化

当前阶段，国内高校的第二课堂活动内容更加多元化，包括创新创业教育、社会实践、国际交流、志愿服务等，满足学生多样化的发展需求。

① 创新创业教育：高校大力推动创新创业教育，设立创新创业实验室、创业孵化器等平台，组织创新创业大赛，培养学生的创新精神和创业能力。例如，清华大学的创新创业教育项目，通过开设创业课程、提供创业指导和资金支持，帮助学生实现创业梦想。

② 社会实践：高校组织学生深入社会，通过实习、调研、志愿服务等形式，了解社会，服务社会，提升实践能力和社会责任感。例如，北京大学的社会实践项目，鼓励学生深入农村、社区、企业，开展社会调研和志愿服务。

③ 国际交流：高校重视国际交流与合作，通过学生交换项目、国际学术研讨会、跨文化交流活动等，提升学生的国际视野和跨文化沟通能力。例如，北京大学的国际交流与合作项目，通过与全球知名大学的合作，为学生提供出国交流和学习的机会。

④ 志愿服务：高校鼓励学生积极参与志愿服务活动，培养奉献精神和公益意识。例如，复旦大学的志愿者服务项目，通过组织学生参与社区服务、环境保护、教育援助等活动，提升学生的社会责任感和服务能力。

（3）信息化

利用互联网和新媒体技术，第二课堂活动更加灵活高效，在线平台和 APP 成为学生参与第二课堂的重要工具。

① 在线平台：高校开发了各类第二课堂在线平台，提供活动报名、资源共享、成果展示等功能，方便学生参与和管理课外活动。例如，浙江大学的"第二课堂管理系统"，实现了线上线下活动的无缝对接，提高了活动组织和参与的效率。

② 新媒体应用：高校利用社交媒体、微信公众号、移动应用等新媒体工具，推广和宣传第二课堂活动，增加活动的曝光率和参与度。例如，许多高校的共青团组织通过微信公众号发布活动信息，方便学生了解和参与各类课外活动。

2. 典型案例

（1）清华大学的创新创业教育项目：清华大学通过开设创新创业课程、举办创业大赛、设立创业孵化器等，培养学生的创新创业能力。学校还与企业合作，提供创业导师和资金支持，帮助学生将创意转化为实际项目。

（2）北京大学的国际交流与合作项目：北京大学与全球多所知名大学建立了合作关系，开展学生交换、联合研究、国际研讨会等活动，为学生提供广泛的国际交流机会，提升其国际视野和跨文化沟通能力。

3. 影响

随着第二课堂的系统化、多元化和信息化发展，学生的综合素质和能力得到了全面提升，第二课堂成为学生全面发展的重要平台。

（1）提升综合素质：通过参与多样化的第二课堂活动，学生在实践能力、创新能力、社会责任感等方面得到了显著提升。例如，参与创新创业项目的学生学会了如何将创意转化为实际产品，参与社会实践的学生增强了社会适应能力和责任感。

（2）增强竞争力：第二课堂活动为学生提供了展示才华和积累经验的平台，提升了学生的就业竞争力。例如，参与国际交流项目的学生通过跨文化学习和交流，提升了国际化素养和就业竞争力。

（3）促进全面发展：第二课堂活动丰富了学生的课外生活，促进了其全面发展。学生通过参与各种活动，不仅提升了专业能力，还发展了兴趣爱好，培养了多方面的能力。

总之，进入21世纪，国内高校高度重视第二课堂的建设，逐步形成了系统化、多元化和信息化的第二课堂体系，极大地丰富了学生的课外生活，提升了学生的综合素质和能力，为学生的全面发展提供了坚实的基础和广阔的平台。

第三节 第二课堂的重要性

一、对学生全面发展的作用

（一）综合素质提升

通过参与第二课堂活动，学生在各方面的综合素质得到了全面提升。

1. 沟通能力

在各类社团活动和实践项目中，学生需要与同学、老师、社会各界人士进行沟通和交流，从而提升口头表达能力和沟通技巧。

① 辩论社团：例如，参与辩论社团的学生通过不断的辩论练习，提升了逻辑思维能力和表达能力。在辩论过程中，学生需要迅速组织语言，清晰表达观点，并能够有效回应对手的论点，这不仅提高了他们的口头表达能力，还增强了他们的自信心和应变能力。

② 项目展示：在学术研讨会或项目展示活动中，学生需要向评委和观众展示自己的研究成果或项目进展，这一过程锻炼了他们的演讲技巧和沟通能力。

2. 组织能力

在组织和策划活动过程中，学生需要进行活动安排、资源调配和团队管理，这些都锻炼了他们的组织能力。

① 学生会干部：例如，担任学生会干部的学生通过策划和组织校内大型活动，如迎新晚会、校园文化节、运动会等，学会了如何高效管理和协调各项工作。他们需要进行活动策划、预算编制、人员安排和场地协调，全面提升了组织管理能力。

② 社团活动：在社团活动中，学生需要策划和组织各种社团活动，如讲座、比赛、工作坊等，通过这些活动，他们不仅提升了组织能力，还培养了时间管理和资源整合的能力。

（二）团队合作精神

许多第二课堂活动需要团队合作完成，通过团队协作，学生学会了如何分工合作、协调一致，培养了团队合作精神和集体荣誉感。

① 团队项目：例如，参加团队项目的学生在项目实施过程中，通过分工协作和共同努力，完成了任务，增强了团队凝聚力。在科技创新项目中，学生需要组成团队，合作进行项目设计、实验和研究，每个人在团队中都有明确的角色和分工，团队成员之间需要相互支持和配合，共同完成项目目标。

② 体育赛事：在体育赛事中，学生通过团队合作，提升了团队合作精神和竞争意识。例如，参加篮球、足球等团队运动的学生，通过比赛和训练，学会了如何在团队中发挥自己的优势，如何与队友默契配合，共同争取胜利。

③ 文艺活动：在文艺演出和艺术创作中，学生需要团队合作完成节目编排和表演，通过相互协调和共同努力，展示出最佳的艺术效果。例如，在话剧表演中，学生通过分工合作、排练和演出，培养了团队合作精神和艺术创作能力。

通过参与第二课堂活动，学生的沟通能力、组织能力和团队合作精神得到了显著提升。这些综合素质的培养，不仅增强了学生的个人能力，也为他们未来的职业发展和社会生活奠定了坚实的基础。第二课堂作为第一课堂的重要补充，为学生提供了丰富多样的实践平台，促进了学生的全面发展和综合素质的提升。

（三）兴趣培养

1. 广泛选择

高校提供丰富多样的第二课堂活动，涵盖学术、文化、艺术、体育等多个领域，学生可以根据自己的兴趣选择参与。

① 艺术社团：喜欢艺术的学生可以参加绘画、音乐、舞蹈等艺术社团，发展自己的艺术才能。例如，音乐社团可以提供乐器演奏、合唱团等活动，绘画社团则可以组织油画、水彩等绘画课程，通过这些活动，学生能够在艺术的氛围中提升自身的艺术修养和表现力。

② 学术社团：对于学术兴趣浓厚的学生，学校提供了各类学术社团和学术讲座，例如数学俱乐部、物理研讨会、文史讲座等，帮助学生拓展学术视野，提升学术素养。

③ 体育俱乐部：热爱体育的学生可以参加各种体育俱乐部，如篮球、足球、羽毛球、乒乓球等，通过参加体育比赛和训练，不仅能够锻炼身体，还能培养竞争意识和团队精神。

2. 兴趣发现

① 探索新领域：第二课堂活动为学生提供了尝试新事物的机会，让他们在实践中发现自己的兴趣和潜能。例如，一名学生通过参加摄影社团，发现了自己对摄影的浓厚兴趣，并在老师的指导下不断提升摄影技术，最终成为校内知名的摄影爱好者。

② 自我发现：通过参与不同类型的活动，学生能够更好地了解自己，发现自己擅长和热爱的领域。例如，参与社会服务活动的学生，可能会发现自己对公益事业有强烈的兴趣，从而在未来选择相关的职业道路。

3. 兴趣培养

在兴趣活动中，学生不仅可以享受爱好带来的乐趣，还能通过系统的训练和实践，不断提升自己的能力和水平。

① 系统训练：高校提供系统的训练和指导，帮助学生在兴趣领域中不断提升。例如，热爱体育的学生通过参加篮球队，不仅享受了运动的乐趣，还提升了自己的篮球技术和身体素质。教练的专业指导和团队的共同训练，使学生在技能和体能上得到显著提高。

② 专业指导：学校邀请专业人士和教师为学生提供指导和培训，帮助学生在兴趣领域中取得更高的成就。例如，音乐社团可以邀请音乐家为学生进行专业辅导，绘画社团可以邀请艺术家举办讲座和工作坊，通过这些活动，学生能够获得专业的知识和技能，提升自身水平。

③ 展示平台：第二课堂活动还为学生提供了展示自己才华的平台，例如艺术展览、音乐会、体育比赛等，学生通过参与这些活动，不仅能够展示自己的才华，还能获得成就感和认可，进一步激发他们的兴趣和热情。

通过广泛选择、兴趣发现和兴趣培养，第二课堂活动为学生提供了丰富多彩的机会，帮助他们在各自感兴趣的领域中不断发展和提升。第二课堂不仅丰富了学生的课外生活，还促进了学生的全面发展和个性化成长，使他们在学习和生活中找到更多的乐趣和成就感。

（四）创新能力

1. 科研训练

高校鼓励学生参与各类科研项目，通过实验室研究、科研竞赛等活动，培养学生的科研能力和创新思维。

① 实验室研究：在实验室中，学生参与科研项目，学会了如何设计实验、收集数据和分析结果，提升了科研能力。例如，生物学专业的学生可以在实验室进行基因研究，通过实验设计、数据分析和结果讨论，锻炼科学研究的各个环节，提高解决复杂问题的能力。

② 科研竞赛：学校组织的科研竞赛，如数学建模竞赛、化学实验竞赛等，为学生

提供了展示科研成果的平台。这些竞赛不仅激发了学生的科研兴趣，还培养了他们的创新思维和团队合作精神。例如，在数学建模竞赛中，学生需要用数学方法解决实际问题，通过团队合作和创新思维，提出切实可行的解决方案。

2. 创新项目

高校设立创新实验室和创业孵化器，支持学生开展创新项目，通过实际操作，激发学生的创造力和实践能力。

① 创新实验室：高校的创新实验室为学生提供了丰富的资源和设备，支持他们进行各种创新实验。例如，计算机科学专业的学生可以在实验室开发新的软件和应用程序，探索前沿技术，通过实际操作，提升编程和开发能力。

② 创业孵化器：学校的创业孵化器为有创业想法的学生提供支持，包括资金、导师和办公空间。学生可以在孵化器中开展实际项目，学习如何从创意到产品，实现创新思维的转化。例如，一名学生团队通过孵化器开发了一款环保产品，从市场调研、产品设计到生产和销售，全面参与了创业过程，激发了创造力和实践能力。

3. 创新竞赛

高校组织各类创新竞赛，如创业大赛、科技创新大赛等，激励学生发挥创意，展示创新成果。

① 创业大赛：创业大赛为学生提供了展示创业想法和项目的平台。参赛学生通过团队合作和创新设计，开发了具有市场潜力的产品，获得了竞赛奖励和社会认可。例如，在全国大学生创业大赛中，一支学生团队凭借其独特的环保产品设计，赢得了大奖和投资机会，进一步激发了他们的创业热情。

② 科技创新大赛：科技创新大赛鼓励学生发挥创意，进行技术创新和发明。例如，参加科技创新大赛的学生通过开发智能家居设备，展示了其在科技创新方面的独特见解和实践能力。这些竞赛不仅提供了展示创新成果的机会，还促进了学生之间的交流和合作。

通过科研训练、创新项目和创新竞赛，学生的创新思维和实践能力得到了全面激发和培养。高校为学生提供了丰富的资源和平台，支持他们在科研和创新方面不断探索和进步，培养了新一代具有创新精神和实践能力的高素质人才。第二课堂的创新活动，不仅丰富了学生的学习体验，还为他们的未来发展打下了坚实的基础。

（五）社会责任感

1. 志愿服务

学生通过参与志愿服务活动，了解社会、服务社会，增强了社会责任感和奉献精神。

① 社区志愿服务：学生在社区志愿服务中，通过帮助老人和儿童，感受到了社会责任的重要性，培养了爱心和同理心。例如，学生定期到社区老人中心，陪伴老人聊天、读书，帮助他们解决生活中的小问题，这不仅让老人们感受到温暖，也让学生学会了关爱他人，提升了他们的同理心和社会责任感。

② 公益组织：学生还可以参与各类公益组织的活动，如红十字会、环境保护组织等，通过参与这些活动，学生可以了解更多社会问题，积极参与社会服务，培养社会责任感。例如，参与红十字会的急救培训和救援活动，学生可以学到急救知识，并在实际救援中感受到生命的宝贵和责任的重大。

2. 社会实践

高校组织学生深入社会进行实践调研，了解社会问题，提升社会适应能力和解决问题的能力。

① 暑期社会实践：在暑期社会实践中，学生深入农村、城市社区、企业等地，进行实地调研，了解社会各方面的问题和需求。例如，学生深入农村调研，了解农村的发展现状、农民的生活情况和农业生产问题，并提出切实可行的发展建议，这不仅提升了他们的实践能力，也增强了他们对社会问题的认识和责任感。

② 企业实习：通过企业实习，学生可以了解行业发展和企业运营，学会如何在实际工作中解决问题，提升社会适应能力。例如，学生在企业实习中，通过参与项目管理、市场调研和客户服务等工作，学会了如何在团队中协作、如何处理实际问题，增强了社会责任感和职业素养。

3. 公民意识

通过参加各类公益活动和社会服务，学生学会了关心社会、参与公共事务，提升了公民意识和公共服务意识。

① 环保公益活动：学生在环保公益活动中，通过宣传环保知识，号召大家共同保

护环境，增强了环保意识和社会责任感。例如，学生组织和参与环保宣传活动，在社区和校园内推广垃圾分类、节能减排等环保措施，通过实际行动倡导环保理念，提升了自己的环保意识和社会责任感。

② 公共事务参与：学生通过参与公共事务和社区服务，提升了公民意识和公共服务意识。例如，学生参与社区治理、公共政策讨论和市政建设等活动，学会了如何关心和参与公共事务，如何为社会的公共利益贡献力量。

通过志愿服务、社会实践和参与公共事务，学生的社会责任感和公民意识得到了显著增强。这些活动不仅让学生了解和服务社会，还培养了他们的爱心、同理心和奉献精神，使他们成为有责任感、有担当的公民。高校通过这些活动，为学生提供了接触社会、了解社会和服务社会的机会，促进了学生的全面发展和社会责任感的培养。

二、对高校教育质量提升的作用

（一）教育质量

1. 教育形式

第二课堂活动为高校教育提供了更多元化的教学形式，补充和拓展了传统课堂教学。

① 社团活动：通过各种学生社团活动，学生在实际操作中学习，提升了学习效果。例如，科技社团组织的机器人比赛，让学生在动手组装和编程中理解和应用所学的理论知识。文学社团的读书会和写作比赛，则通过讨论和创作，提升了学生的语言表达和文学素养。

② 实践项目：实践项目让学生走出课堂，接触真实的社会环境和工作场景。比如，商学院的学生通过参与企业咨询项目，了解企业运营模式，提升商业分析能力；医学院的学生通过医院实习，掌握临床技能，提高实践能力。通过这些实践活动，学生不仅巩固了理论知识，还提高了实际操作能力和解决问题的能力。

2. 教育内容

第二课堂活动丰富了教育内容，涵盖了更多实践性、创新性和社会性的内容。

① 创新创业课程：高校开设的创新创业课程，使学生的学习内容更加丰富和多样。

例如，创业课程不仅教授商业计划书的写作和市场分析，还通过模拟创业和实际项目孵化，培养学生的创新思维和创业能力。学生在课堂上学习到的知识，可以立即应用于创业实践中，实现知识与实践的无缝衔接。

② 社会实践活动：社会实践活动丰富了学生的社会经验和实践能力。例如，法律专业的学生可以参与法律援助项目，为社会弱势群体提供法律服务；环境科学专业的学生可以参与环保志愿者活动，进行生态调查和环境保护宣传。这些实践活动不仅增强了学生的社会责任感，也使他们在实际工作中积累了宝贵的经验。

3. 综合性教育

① 多种能力的发展：学生通过参与多种活动，全面发展了各方面的能力。例如，参与辩论赛的学生提升了逻辑思维和语言表达能力；参与体育比赛的学生增强了体质和团队合作精神；参与艺术表演的学生提高了艺术素养和审美能力。第二课堂活动的多样性，使学生在各个方面得到全面发展，综合素质显著提高。

② 知识与实践的结合：第二课堂活动将知识学习与实践操作紧密结合，促进了学生的全面发展。例如，学生在科技创新大赛中，通过团队合作，应用所学的科学知识和技术进行项目设计和研发，不仅深化了对理论知识的理解，还锻炼了实践操作能力。学生在这些活动中，学会了如何将理论应用于实践，解决实际问题，实现了知识与实践的有效结合。

总之，第二课堂丰富了高校教育的形式和内容，提高了教育的综合性和多样性。通过多元化的教学形式、丰富的教育内容和综合性教育，学生的综合素质得到了全面提升。第二课堂不仅补充和拓展了传统课堂教学，还为学生提供了更多的学习和实践机会，促进了他们的全面发展和能力提升。

（二）校园文化

活跃的校园文化氛围，不仅提升了学校的文化品位，还提高了学生的文化素养。第二课堂通过丰富多彩的文化活动和交流，增强了校园的文化氛围和学生的文化认同感。

1. 文化活动

丰富多彩的文化活动，如文艺晚会、艺术节、读书会等，活跃了校园文化氛围，提升了学生的文化素养。

① 文艺晚会和艺术节：学校组织的音乐会和戏剧表演，为学生提供了展示才艺的平台，丰富了学生的课余生活。例如，年度的校园音乐节吸引了众多有才华的学生参与，通过音乐会、合唱比赛、乐器演奏等形式，展现了学生的艺术才华，提升了校园文化品位。戏剧表演不仅锻炼了学生的表演能力，也让观众在观赏中提升了艺术修养。

② 读书会和文学沙龙：通过读书会和文学沙龙，学生可以分享阅读心得，交流文学作品，提升文学素养。例如，学校定期举办的读书会，邀请著名作家和学者与学生交流，讨论经典文学作品，激发了学生的阅读兴趣和文学创作热情。

2. 文化交流

第二课堂活动促进了学生之间、师生之间的文化交流，增强了校园的文化氛围。

① 文化社团和文化沙龙：通过文化社团和文化沙龙，学生可以分享和交流各自的文化兴趣和爱好，促进了校园文化的多样性。例如，书法社团、摄影俱乐部、电影沙龙等，为学生提供了展示和交流的平台，让学生在互动中加深对不同文化形式的理解和欣赏。

② 跨学科文化活动：学校鼓励跨学科的文化交流活动，如艺术与科学的结合，文学与历史的碰撞，促进了不同学科之间的文化交融。例如，艺术与科技展览，展示了学生在艺术创作和科技创新中的成果，体现了跨学科的文化融合。

3. 文化认同

丰富的校园文化活动增强了学生对学校的认同感和归属感，提升了学校的文化品位。

① 传统文化活动：通过参与学校的传统文化活动，学生增强了对学校文化的认同和热爱。例如，学校的周年庆典、传统节日庆祝活动等，不仅传承了学校的历史和文化，也增强了学生的集体荣誉感和归属感。

② 校训和文化标志：学校通过宣传校训和文化标志，培养学生对学校文化的认同感。例如，学校的校训、校歌、校徽等文化标志，通过各种活动和宣传，使学生在潜移默化中认同并传承学校的文化精神。

总之，丰富多彩的文化活动、广泛的文化交流和深厚的文化认同，构成了充满活力的校园文化氛围。第二课堂通过这些文化活动，不仅提升了学生的文化素养，还增强了他们对学校的认同感和归属感，为学校营造了一个积极向上、多元包容的文化环境。这不仅丰富了学生的课余生活，也提升了学校的整体文化品位。

（三）学校声誉

1. 社会声誉

高校通过组织和支持多样化的第二课堂活动，显著提升了学校在社会上的声誉和影响力。

① 创新创业大赛：例如，学校举办的创新创业大赛，汇集了大量富有创意和潜力的学生项目，不仅展示了学生的创新能力，还吸引了社会各界的关注和支持。媒体报道和社会反响使学校的创新教育得到了广泛认可，树立了学校在创新创业教育领域的领先地位。

② 国际交流项目：高校通过开展国际交流项目，吸引了全球优秀学者和学生的参与，提升了学校的国际声誉。国际学术会议、跨国合作研究项目等，不仅增强了学校的学术影响力，还促进了文化交流与合作，获得了社会和媒体的高度评价。

2. 吸引力

丰富的第二课堂活动吸引了更多优秀学生报考和参与，显著提升了学校的吸引力和竞争力。

① 全面发展的学生：高校通过宣传和展示其丰富的第二课堂活动，吸引了更多有志于全面发展的优秀学生报考。比如，通过开放日、宣传片和校友访谈等形式，展示学校在创新创业、社会实践、文化艺术等方面的丰富活动，使学生和家长对学校的教育环境和发展机会有了更深入的了解，增强了报考的兴趣。

② 多样化的活动平台：学校提供多样化的活动平台，使学生在学术之外有更多机会展示才华和发展兴趣。例如，提供丰富的社团活动、体育比赛、艺术表演等，使学生能够在多领域得到锻炼和成长，从而吸引了更多有潜力的学生选择该校。

3. 品牌形象

通过开展特色鲜明的第二课堂活动，高校树立了良好的品牌形象，提升了学校的知名度和美誉度。

① 志愿服务项目：学校组织的志愿服务和社会实践项目，不仅培养了学生的社会责任感和服务意识，还树立了良好的社会形象。例如，学校的学生志愿者团队在社区服务、环保行动、教育帮扶等方面做出了突出贡献，得到了社会各界的赞誉和认可，

增强了学校的社会影响力。

②特色活动：高校通过举办具有特色的活动，如文化节、科技展览、体育赛事等，形成了独具特色的校园文化品牌。例如，一所高校每年举办的国际文化节，汇聚了来自世界各地的学生，通过展示各国文化、举办国际论坛和文艺演出，提升了学校的国际知名度和美誉度。

总之，丰富多彩的第二课堂活动不仅丰富了学生的课外生活和学习体验，还为学校赢得了广泛的社会声誉和关注。通过创新创业大赛、国际交流项目等活动，学校展示了其在教育创新和国际合作方面的优势，吸引了更多优秀学生和资源的参与。同时，志愿服务和特色活动的开展，不仅提升了学校的品牌形象，还增强其社会影响力和美誉度。学校在不断提升教育质量的同时，通过多样化的第二课堂活动，树立了良好的社会形象和声誉，成为学生心目中理想的学习和成长平台。

（四）学生满意度

1. 满足需求

第二课堂活动满足了学生多样化的发展需求，增强了学生对学校教育的满意度。

①兴趣爱好：通过提供丰富多样的活动选择，学校满足了学生的兴趣爱好和个性发展需求。例如，学校开设了从艺术、体育到科技创新等各类社团和俱乐部，让每个学生都能找到适合自己的活动平台。喜欢音乐的学生可以参加合唱团或乐队，热爱体育的学生可以加入篮球队或足球队，而对科技感兴趣的学生则可以参与机器人俱乐部或编程社团。这些活动不仅丰富了学生的课余生活，还促进了他们的全面发展。

②个性发展：学校的第二课堂活动注重个性发展，提供了多样化的选择，满足了不同学生的个性需求。例如，通过组织创新创业大赛、学术研讨会、艺术展览等活动，鼓励学生展示自己的才能和兴趣，促进个性化成长。

2. 提升归属感

参与第二课堂活动增强了学生的校园归属感和认同感，提升了学生对学校的热爱。

①社团活动：通过参与学校的社团活动，学生感受到了学校的关怀和支持，增强了归属感。例如，学生在社团中结交了志同道合的朋友，形成了一个个小团体，增强了他们对学校的认同感和归属感。在社团活动中，学生不仅学习到了新的技能，还体验到了集体合作的乐趣，感受到了学校生活的丰富多彩。

② 文化活动：丰富的校园文化活动，如校园文化节、艺术节、运动会等，让学生体验到学校浓厚的文化氛围和集体精神。例如，参加学校组织的迎新晚会、艺术展演、体育比赛等活动，使学生在参与中感受到集体的温暖和学校的关怀，增强了对学校的归属感和认同感。

3. 增强幸福感

丰富多彩的第二课堂活动提升了学生的校园生活幸福感，增强了学习和生活的积极性和主动性。

① 校园幸福感：通过参与各类活动，学生在学习之余得到了放松和愉悦，提升了校园生活的幸福感。例如，学校组织的户外拓展活动、音乐会、电影放映等，丰富了学生的课余生活，让他们在紧张的学习之余能够放松身心，享受校园生活的美好时光。

② 积极性和主动性：第二课堂活动不仅让学生在活动中获得了快乐，还增强了他们的学习和生活的积极性和主动性。例如，通过参与创新项目和社会实践，学生学会了主动学习和独立思考，培养了积极进取的精神，提升了整体幸福感。

总之，通过满足学生多样化的需求，学校的第二课堂活动大大提升了学生对教育的满意度和归属感。丰富的兴趣爱好和个性发展平台，使学生在校园中找到了自己的位置，感受到了学校的关怀和支持。通过参与各种社团和文化活动，学生增强了对学校的认同感和归属感，体验到了集体生活的乐趣和温暖。此外，丰富多彩的活动也提升了学生的幸福感，让他们在学习之余能够放松身心，享受快乐的校园生活。这样，学生在学校的学习和生活中更加积极主动，整体满意度和幸福感得到了显著提升。

第二章　第二课堂教学理论基础

第一节　教学理论与第二课堂

一、建构主义学习理论

（一）基本观点

建构主义学习理论认为，知识是通过学习者主动建构而获得的，而不是被动接受的。学习者通过与环境的互动和与他人的交流，构建自己的知识体系。

1. 主动建构

学习者在学习过程中，不是被动地接收信息，而是通过主动探索、发现和理解，建构自己的知识结构。

① 探索与发现：学生在学习过程中，通过查找资料、进行实验、观察现象和分析数据，主动发现问题并寻找解决方案。例如，在研究环境污染问题时，学生可以通过阅读相关文献、实地考察污染源、收集和分析水样或空气样本等方式，深入理解污染的成因和影响，从而形成对环境保护的全面认识。

② 实践与应用：通过动手实践和实际应用，学生能够将理论知识转化为实践能力。

例如，工程专业的学生通过设计和制作小型机器人，不仅学到了机械设计和编程的知识，还通过不断调整和改进设计，提升了问题解决能力和创新能力。

③反思与内化：在学习过程中，学生通过反思自己的学习过程和成果，逐步内化所学知识，形成稳定的知识结构。例如，在完成一个项目后，学生可以回顾项目的各个阶段，反思成功与失败之处，总结经验教训，从而深化对相关知识的理解和掌握。

2. 环境互动

学习者与学习环境的互动是建构知识的重要途径。真实的情境和丰富的资源能够激发学生的思考和探索，促进知识的内化。

①真实情境：学习环境中提供的真实情境能够增强学生的学习动机和效果。例如，在医学课程中，通过模拟病人的诊断和治疗，学生可以在仿真的医疗情境中应用所学知识，提升临床技能和决策能力。

②丰富资源：多样化的学习资源如图书馆、实验室、在线课程和数字化工具，能够为学生提供广泛的信息和知识来源。例如，利用在线学习平台，学生可以访问全球范围内的优质课程和科研资料，拓宽知识面，增强自主学习能力。

③环境反馈：通过实验和实践，学生可以获得即时的环境反馈，从而调整和优化自己的学习过程。例如，化学实验中的反应现象和数据结果，能够直观地反馈学生的实验设计和操作方法，帮助他们及时发现问题并改进。

3. 社会交流

与他人的交流和合作是建构知识的重要方式。通过与同学、老师和专家的互动，学生能够获得多样化的视角和反馈，深化对知识的理解。

①同伴学习：与同学的互动和合作能够激发学生的学习兴趣和积极性。例如，通过小组讨论和合作项目，学生可以分享各自的观点和见解，互相启发，共同解决复杂问题。在辩论赛中，学生通过辩论和反驳，提升了逻辑思维和语言表达能力。

②师生互动：与老师的交流能够提供专业指导和知识补充。例如，在导师指导下进行科研项目，学生可以获得学术建议和技术支持，提升研究水平。在课堂提问和讨论中，老师的反馈和讲解，能够帮助学生澄清疑惑、深化理解。

③专家咨询：通过与领域专家的交流，学生可以获得前沿知识和行业见解。例如，在学术会议和研讨会中，学生有机会与知名学者和行业专家交流，了解最新研究成果和技术发展趋势，拓展学术视野和职业规划。

总之，建构主义学习理论强调学习者的主动性和互动性，通过主动建构、环境互动和社会交流，学生能够有效地构建和内化知识，实现全面的认知发展和能力提升。这种学习理论为现代教育提供了重要的理论支持，促进了以学生为中心的教育理念的实践和发展。

（二）与第二课堂的关系

建构主义学习理论强调学习者通过主动探索和互动来建构知识，而不是被动接受信息。第二课堂提供了一个丰富的实践环境，使学生可以通过参与各种活动，自主探索和发现知识，增强对所学内容的理解和应用。

1. 实践活动

通过实地考察、实验和项目研究，学生在真实情境中建构知识，体现了建构主义理论的核心理念。

① 实地考察：例如，地理专业的学生通过实地考察地质遗迹，观察和记录地质现象，结合课堂所学知识，构建对地质结构和演化的理解。学生可以亲身接触岩层、矿物和地质构造，通过实际观察和测量，深入理解地质过程和地质史。这样的实践活动不仅帮助学生将抽象的地质理论转化为具体的地质现象，还培养了他们的观察能力和科学探究精神。

② 实验研究：在科学实验室中，学生通过设计实验、操作仪器和分析数据，主动探究科学原理和现象，培养科学思维和实践能力。例如，化学专业的学生在实验中通过控制变量、测量反应速度和分析产物，理解化学反应机制和热力学原理。通过动手操作和数据分析，学生不仅掌握了实验技能，还培养了严谨的科学态度和批判性思维能力。

③ 项目研究：例如，商科学生在市场调研项目中，通过市场分析、数据收集和报告撰写，建构对市场动态和商业策略的理解。学生在项目中分工合作，设计问卷、访谈消费者、分析数据，最终撰写调研报告并提出商业建议。这样的项目研究让学生在真实的市场环境中应用所学的商业理论，培养了他们的分析能力、团队合作精神和解决实际问题的能力。

通过这些实践活动，学生在真实情境中主动建构知识，增强了对所学内容的理解和应用。这不仅提高了学生的学习效果，还培养了他们的实践能力、创新思维和团队合作精神，为他们未来的职业发展打下坚实的基础。

2. 合作学习

第二课堂中的团队项目和社团活动，促进学生之间的互动和合作，共同建构知识，进一步体现了建构主义理论的应用。

① 团队项目：学生在团队项目中分工合作，互相交流和讨论，通过共同的努力解决复杂问题。例如，工程专业的学生通过团队合作设计和建造模型，学习工程原理和项目管理。学生们分成小组，各自负责不同的任务，如设计图纸、计算材料强度、构建模型等。在项目实施过程中，学生们定期召开会议，分享进展情况，讨论遇到的问题，并共同制定解决方案。这种合作学习不仅让学生深入理解了工程学的基本原理，还培养了他们的团队合作精神和项目管理能力。此外，通过与队友的合作，学生们学会了如何进行有效的沟通和协作，提高了他们的社交技能和领导能力。

② 社团活动：社团活动为学生提供了丰富的交流平台。例如，辩论社团通过辩论赛提升语言表达能力和逻辑思维能力，科技社团通过科技竞赛和工作坊提升技术知识和创新能力。学生们在社团中互相学习和激励，共同探讨和解决问题，培养了团队合作精神和创新能力。通过参与社团活动，学生不仅能够拓展自己的兴趣爱好，还能增强实践能力和社会责任感。

通过这些合作学习的经历，学生们在互动中共同建构知识，增强了对所学内容的理解和应用。这些活动不仅丰富了学生的学习体验，还培养了他们的实践能力、创新思维和团队合作精神，为他们未来的职业发展打下坚实的基础。第二课堂的实践活动和合作学习，充分体现了建构主义学习理论的应用，帮助学生在真实情境中构建知识，实现全面发展。

二、多元智能理论

（一）基本观点

多元智能理论由霍华德·加德纳提出，认为人类有多种智能，每种智能都代表了人类的一种独特的认知能力。根据加德纳的理论，智能不再是单一的、线性的，而是多维度的、复杂的。人类有以下几种主要智能：

①语言智能：擅长语言表达和理解，包括口语和书面语的能力。具有高语言智能的人善于记忆单词、进行阅读和写作，能够通过语言准确表达思想和情感。例如，作家、记者、演讲者和律师通常表现出较高的语言智能。

②逻辑数学智能：擅长逻辑推理和数学计算，善于发现和解决问题。具有高逻辑数学智能的人能够分析复杂的逻辑关系，进行科学实验和数学推导，擅长编程和解答数学难题。例如，科学家、工程师和程序员通常表现出较高的逻辑数学智能。

③空间智能：擅长空间感知和视觉化思维，能够想象和操作空间关系。具有高空间智能的人能够轻松理解地图和图形，擅长绘画、雕塑和设计。例如，建筑师、艺术家和飞行员通常表现出较高的空间智能。

④音乐智能：擅长音乐感知和创作，能够理解和表达音乐。具有高音乐智能的人能够轻松地理解音调、节奏和旋律，擅长演奏乐器和作曲。例如，音乐家、作曲家和指挥家通常表现出较高的音乐智能。

⑤身体运动智能：擅长身体协调和运动，能够通过身体表达思想和情感。具有高身体运动智能的人在舞蹈、体育和手工操作方面表现出色。例如，运动员、舞者和外科医生通常表现出较高的身体运动智能。

⑥人际智能：擅长理解和交流，与他人建立良好关系。具有高人际智能的人能够轻松地与他人沟通，理解他人的情感和动机，擅长团队合作和领导工作。例如，教师、心理学家和领导者通常表现出较高的人际智能。

⑦自我认知智能：擅长自我反省和理解，能够认识和调节自己的情绪和行为。具有高自我认知智能的人能够清晰地了解自己的优点和缺点，制定个人发展目标，并有效地管理情绪。例如，哲学家、心理咨询师和企业家通常表现出较高的自我认知智能。

⑧自然观察智能：擅长观察和理解自然界，能够识别和分类自然现象。具有高自然观察智能的人能够轻松识别植物、动物和自然现象，擅长进行环境研究和自然保护工作。例如，生物学家、农民和环境科学家通常表现出较高的自然观察智能。

这些智能在不同个体中以不同的方式和程度组合，形成了每个人独特的智能结构。多元智能理论强调教育应尊重个体差异，提供多样化的学习机会，帮助学生发现和发展自己的优势智能。高校第二课堂的设计与实施，可以借鉴多元智能理论，提供丰富的活动和项目，促进学生全面发展。

（二）与第二课堂的关系

1. 多样化活动

多样化的第二课堂活动，如艺术类社团、体育活动、科学实验等，激发学生不同智能的发展，促进全面素质提升。

（1）艺术类社团：例如，绘画社团、戏剧社团和音乐社团，为学生提供了发展空间智能、音乐智能和自我认知智能的平台。

①绘画社团：通过绘画课程和艺术展览，学生可以培养空间感知和视觉化思维，提升艺术创作能力和审美情趣。

②戏剧社团：通过排练和表演戏剧，学生能够锻炼语言表达能力和身体协调能力，增强自我认知和情感表达。

③音乐社团：通过乐器演奏、合唱团和音乐创作，学生可以发展音乐感知和创作能力，提升情感表达和团队合作精神。

（2）体育活动：例如，篮球队、足球队和舞蹈班，帮助学生发展身体运动智能和团队合作精神。

①篮球队和足球队：通过团队训练和比赛，学生可以提高身体协调能力、增强体质，并学会团队合作和竞争精神。

②舞蹈班：通过舞蹈训练和表演，学生能够发展身体运动智能，提升身体表达能力和艺术素养。

（3）科学实验：例如，物理实验室和化学实验室的实践活动，帮助学生发展逻辑数学智能和自然观察智能。

①物理实验室：通过设计和实施物理实验，学生能够理解物理原理和科学方法，培养逻辑推理能力和实验技能。

②化学实验室：通过化学实验和研究项目，学生能够掌握化学反应机制和实验技术，增强分析问题和解决问题的能力。

2. 个性化发展

根据学生的兴趣和特长，提供有针对性的活动，帮助他们充分发挥潜能，促进个性化发展。

（1）兴趣社团：根据学生的兴趣成立各类兴趣社团，如摄影社团、编程社团等，满足学生的个性发展需求。

① 摄影社团：通过摄影技术培训和作品展示，学生可以培养视觉艺术感知和创作能力，提升空间智能和艺术素养。

② 编程社团：通过编程课程和项目开发，学生可以掌握编程语言和算法设计，培养逻辑数学智能和创新能力。

（2）特长培养：为有特长的学生提供专门的培训和发展机会，帮助他们在特定领域内深耕细作。

① 音乐天赋学生：为具有音乐天赋的学生提供专业的音乐培训和演出平台，让他们在音乐创作和表演中不断提升音乐智能和自我表达能力。

② 语言智能学生：为语言智能突出的学生提供辩论和演讲机会，通过辩论赛和演讲比赛，培养他们的语言表达能力和逻辑思维能力，提升自信心和领导力。

通过多样化的第二课堂活动和个性化的发展路径，学校能够满足学生不同智能的发展需求，促进他们的全面发展和个性化成长。第二课堂不仅丰富了学生的学习体验，还为他们提供了展示和提升自我能力的平台，培养了多元化的技能和素质，助力学生在未来的学术和职业生涯中取得更大的成功。

通过建构主义学习理论和多元智能理论的指导，第二课堂不仅为学生提供了丰富的学习体验，还促进了他们在各个方面的全面发展。这些理论强调学生的主动性和多样性，帮助学生在真实情境中建构知识，发现和发展自己的智能和潜能，实现全面发展。

第二节　教育心理学与第二课堂

一、动机理论

（一）基本观点

动机理论研究人类行为的驱动力，认为动机是推动个体行动的重要因素。动机可以分为内在动机和外在动机。

（1）内在动机：由个体内部的兴趣、爱好和自我满足感驱动。例如，学生因为对某一学科或活动的浓厚兴趣而主动学习和参与。内在动机源自学生内心对学习内容的兴趣和对知识的渴望。当学生对某一主题产生强烈兴趣时，他们会主动寻找相关资源进行学习，投入更多时间和精力，并且在遇到困难时表现出更强的坚持力。例如，一个对编程感兴趣的学生可能会主动学习新的编程语言，参加编程竞赛，并通过解决复杂的问题来满足自己的求知欲和成就感。

（2）外在动机：由外部的奖励、表彰和压力驱动。例如，学生为了获得奖励、学分或社会认可而参与活动。外在动机通常来自外部环境的刺激，包括物质奖励、荣誉称号、学分要求等。这种动机可以在短期内显著提高学生的参与度和表现，但其效果往往依赖于外部激励的持续性和强度。例如，学生可能因为学校提供的奖学金而努力学习，或者为了在班级中获得表彰而积极参与课外活动。然而，如果外部激励减少或消失，学生的参与热情可能会随之减弱。

动机理论的核心在于理解和运用这两种动机，创造一个能够激发和维持学生学习动机的环境。内在动机和外在动机并不是对立的，而是可以相互补充、共同作用于学生的学习行为。通过有效的教育策略，教师和教育管理者可以同时激发学生的内在动机和外在动机，促进他们的全面发展。

（二）与第二课堂的关系

第二课堂通过多样化的活动和激励机制，激发学生的学习动机，为他们提供一个充满活力和挑战的学习环境。

1. 内在动机

① 兴趣小组：学校设立各类兴趣小组，如摄影、编程、音乐等，让学生根据个人兴趣自主选择参与。这种方式能够激发学生对活动的内在兴趣，增强参与的主动性。例如，热爱摄影的学生可以加入摄影小组，学习摄影技巧，参与摄影展览，满足自己的兴趣和成就感。兴趣小组不仅提供了一个学习和交流的平台，还通过各种活动和竞赛，进一步提升学生的技能和信心。

② 自主选择活动：学校提供多样化的活动供学生选择，如各类社团、讲座和研讨会，让学生根据自己的兴趣和需求自由选择。这种自主选择的方式能够让学生感受到自我决定的权利和自由，从而提高参与的积极性和主动性。例如，学生

可以选择参加自己感兴趣的主题讲座，或加入与自己职业目标相关的社团，提升内在动机。自主选择活动鼓励学生探索不同领域，发现新的兴趣点，培养多方面的能力和素质。

2. 外在动机

通过奖励机制、表彰活动和学分认可等方式，激励学生积极参与第二课堂活动。

① 奖励机制：学校设立各种奖励机制，如颁发奖品、证书和奖金，激励学生积极参与并取得优秀成绩。例如，学校可以为表现突出的学生颁发"最佳志愿者"奖、"科技创新奖"等，激励学生在活动中积极表现。这些奖励不仅表彰了学生的努力和成就，还激发了其他学生参与的热情，形成良好的学习氛围。

② 表彰活动：定期举办表彰大会，对在第二课堂活动中表现优异的学生进行表彰和奖励。例如，学校可以在学年末举行表彰大会，对在各类活动中表现突出的学生进行公开表彰，提高他们的荣誉感和积极性。通过表彰活动，学生能够感受到自己的努力和成就得到了认可，进一步增强了参与的积极性和动力。

③ 学分认可：将第二课堂活动与学分挂钩，鼓励学生通过参与活动获得相应的学分。例如，学校可以规定学生必须完成一定数量的第二课堂活动才能获得学分，激励学生积极参与各类活动，以达到毕业要求。这种方式不仅提高了学生的参与度，还将第二课堂活动纳入到学生的整体学习规划中，促进全面发展。

通过内在动机和外在动机的结合，第二课堂不仅丰富了学生的学习体验，还大大提高了他们的参与度和学习效果。教育者应注重两种动机的平衡，既要提供吸引学生兴趣的活动，又要设置合理的激励机制，帮助学生在第二课堂中实现全面发展。

二、自我效能感

（一）基本观点

自我效能感是指个体对自己能否完成某一任务的信念。自我效能感影响个体的动机、行为和情感反应。高自我效能感的个体通常设定更高的目标，表现出更强的坚持力，而低自我效能感的个体则可能对自己的能力缺乏信心，容易在遇到挫折时放弃。

1. 高自我效能感

具有高自我效能感的个体相信自己能够成功完成任务，因此更愿意接受挑战，并在遇到困难时坚持不懈。这样的人通常会设定更高的目标，对自己的能力充满信心，并通过不断努力和坚持实现这些目标。高自我效能感不仅增强了个体面对挑战时的毅力和韧性，还使他们能够从失败中汲取教训，继续前行。例如，一名具有高自我效能感的学生可能会在学术上不断追求卓越，不惧怕难题，勇于参加各类竞赛和科研项目，即使遇到挫折也不会轻易放弃，而是通过反思和改进不断提高自己。

2. 低自我效能感

具有低自我效能感的个体对自己的能力缺乏信心，容易在遇到挫折时放弃，避免挑战。这样的人通常会设定较低的目标，回避可能导致失败的任务或情境，缺乏进取心。低自我效能感导致个体在面对困难时容易产生焦虑和无助感，从而降低其成就动机和表现水平。例如，一名具有低自我效能感的学生可能会避免参加难度较大的课程或活动，缺乏主动性，即使遇到较小的困难也容易气馁和退缩，导致学业和个人发展的停滞。

自我效能感是个体自我调节过程中的重要组成部分，通过不断积累成功经验和积极反馈，可以提升个体的自我效能感，增强其应对挑战的能力和自信心。在教育实践中，教师和教育工作者可以通过设置合理的目标、提供适当的支持和反馈、鼓励学生积极参与各类活动，帮助学生逐步建立和提升自我效能感。

（二）与第二课堂的关系

第二课堂提供了丰富的实践机会，帮助学生建立和增强自我效能感。通过各种实践活动和积极的反馈机制，学生能够在真实情境中体验成功，获得自信和成就感，从而提升自我效能感。

1. 成功体验

通过参与并成功完成各种活动，增强学生的自信心和成就感。

（1）实践项目：参与各种实践项目，如科研项目、社会实践和志愿服务，让学生在实际操作中获得成功体验。例如，学生通过完成一个创新项目，看到自己的创意被实际应用，增强了自信心和成就感。通过参与科研项目，学生能够设计实验、收集数据和分析结果，体验到科学探究的乐趣和成功的喜悦。社会实践和志愿服务活动则使学生能够直接参与到社会活动中，通过服务他人和解决实际问题，提升了他们的社会责任感和自我效能感。

（2）竞赛活动：组织学生参加各类竞赛，如学科竞赛、技能大赛和体育比赛，通过取得好成绩提升自我效能感。例如，学生在数学竞赛中获奖，增强了对自己数学能力的信心，激励他们继续努力学习和挑战更高难度的数学问题。参加技能大赛和体育比赛，让学生在竞争中展现自己的能力，通过不断超越自我，获得成就感和自信心。这种成功体验不仅提升了学生的自我效能感，还激发了他们对未来挑战的信心和动力。

2. 积极反馈

教师和同伴的鼓励和支持，提升学生的自我效能感，促进持续参与。

（1）教师反馈：教师在第二课堂活动中给予学生积极的反馈和指导，帮助他们认识到自己的进步和能力。例如，教师在学生完成一个项目后，给予肯定和鼓励，指出他们的优点和进步，帮助学生建立信心。通过详细的反馈和个性化的指导，教师可以帮助学生认识到自己的潜力和优势，提升他们的自我效能感，激发他们对学习和活动的兴趣和热情。

（2）同伴支持：同伴之间的互相鼓励和支持也能提升自我效能感。例如，学生在团队合作中得到队友的肯定和支持，增强了对自己能力的信心，激励他们继续努力并参与更多活动。团队合作和社团活动提供了一个互相学习和支持的平台，学生在合作中学会了如何与他人沟通和协作，通过团队的成功和个人的贡献，体验到集体的力量和自己的价值。

第二课堂的丰富实践机会和积极反馈机制，不仅帮助学生建立和增强自我效能感，还培养了他们的合作精神和社会责任感。通过不断的成功体验和正向反馈，学生在实际操作中积累经验，获得成就感和自信心，从而提升他们面对未来挑战的信心和能力。教育者应充分利用第二课堂的各种活动和机制，激发学生的内在动力，帮助他们在全面发展中实现个人价值。

通过丰富多样的活动和积极的激励机制，第二课堂不仅能够激发学生的学习动机，还能帮助他们建立和增强自我效能感，促进全面发展。

第三节　教育社会学与第二课堂

一、社会互动与角色扮演

（一）基本观点

社会互动理论强调人际交往在个人发展中的重要性。通过与他人的互动，个体能够了解和体验不同的社会角色，从而促进自身的发展。人际交往不仅是个体获取信息和资源的重要途径，也是个体社会化过程中的关键环节。在互动中，个体通过观察、模仿和实践，不断调整和完善自己的行为和态度，从而适应和融入社会环境。

角色扮演是一种重要的教育方式，通过让学生扮演不同的角色，他们能够体验和理解他人的立场和情感，培养同理心和社会责任感。在角色扮演过程中，学生不仅要承担角色的责任，还要理解和回应他人的期望和需求。这种沉浸式的学习体验有助于学生跳出自我中心的思维模式，站在他人的角度思考问题，从而增强同理心和社会适应能力。

通过角色扮演，学生能够了解不同社会角色的职责、权利和义务，从而更好地理解社会结构和运作。例如，通过模拟法庭，学生可以理解法官、律师和证人的不同角色及其在法律程序中的重要性。角色扮演让学生在模拟情境中体验他人的情感和处境，培养他们的同理心。例如，在模拟联合国中，学生扮演各国代表，讨论和解决全球问题，通过这种体验，学生能够更好地理解不同国家和文化的立场和关切。通过角色扮演和社会互动，学生不仅能认识到自己在社会中的角色，还能培养对他人和社会的责任感。例如，通过参与社区服务项目，学生可以认识到自己在社会公益事业中的重要作用，增强社会责任感。

社会互动理论和角色扮演教育方式的结合，为学生提供了一个真实而丰富的学习环境，帮助他们在互动中不断成长和发展。这种教育方法不仅有助于学生学术知识的掌握，还能有效提升他们的社交能力、情感素养和社会责任感。

（二）与第二课堂的关系

第二课堂通过社团活动、模拟法庭、角色扮演等形式，促进学生的社会互动和角色认知。这些活动不仅丰富了学生的校园生活，还为他们提供了实践和体验不同社会角色的机会，从而促进全面发展。

1. 团队合作

学生在团队项目中扮演不同角色，学会理解和协调他人，培养合作能力。在团队项目中，学生被分配不同的角色，如组长、记录员、设计师等。他们需要共同制定计划、分配任务、协调资源并解决问题。这种合作不仅帮助学生了解不同角色的责任和任务，还培养了他们的团队合作能力和领导能力。例如，在一个工程项目中，学生可能需要共同设计和建造一个模型，通过分工合作完成任务，从而学会如何在团队中有效合作。通过这些项目，学生学会了如何在团队中沟通、协商和解决冲突，提升了团队管理和协作能力。

在社团活动中，学生通过参与和组织各类活动，如社团会议、活动策划和执行，体验不同的角色，培养组织和协调能力。例如，戏剧社团的学生通过分配角色和排练剧目，学会如何在集体中分工合作，增强了他们的社交能力和团队意识。在社团活动中，学生还可以学习到活动策划、时间管理和资源分配等实用技能，这些都是未来职场中宝贵的能力。

2. 角色体验

通过角色扮演和模拟活动，增强学生的同理心和社会责任感。角色扮演活动，如模拟法庭、模拟联合国和商业模拟，让学生扮演律师、外交官、企业家等角色，在模拟的情境中体验和理解不同角色的职责和挑战。例如，学生在模拟法庭中扮演律师和法官，通过辩论和审判过程，理解法律程序和司法公正的意义，增强了法律意识和社会责任感。这样的角色扮演不仅让学生在实践中学习专业知识，还让他们体验到现实工作中的责任和压力，培养了职业素养和道德意识。模拟活动如商业模拟、医疗模拟等，通过仿真环境让学生体验实际工作情境，培养他们的专业技能和职业素养。例如，医学生通过参与医疗模拟，体验医生的工作流程和应急处理，提高了临床思维能力和职业责任感。这种模拟训练能够有效地弥补课堂教学的不足，使学生在实际操作中提升技能和应变能力。

通过第二课堂的团队合作和角色体验活动，学生不仅能够学到书本之外的知识和技能，还能在真实的社会情境中应用和检验所学，促进全面发展。教育者应充分利用第二课堂的多样化活动，提供丰富的实践机会，帮助学生在社会互动和角色扮演中成长为全面发展的综合型人才。

二、社会资本理论

（一）基本观点

社会资本理论认为，社会关系和网络是个体获取资源和支持的重要途径。社会资本由信任、互惠和网络关系等要素构成，这些社会资源能够帮助个体在社会中更好地发展。具体来说，社会资本具有以下几个关键方面：

1. 信任

信任是社会资本的重要基础，指的是个体之间的相互信赖和预期行为的可靠性。高水平的信任能够促进合作和信息交流，从而增强社会关系的稳固性和效益。例如，在一个高信任的社群中，个体更愿意分享资源和信息，因为他们相信对方会公平对待和回报这种信任。

2. 互惠

互惠指的是个体之间的相互帮助和支持，基于一种"你帮我，我帮你"的心理预期。互惠行为可以通过持续的互动和交往，积累社会资本，并形成强大的支持网络。例如，在学术圈中，研究者之间互相提供研究资源和学术建议，可以促进彼此的学术进步和职业发展。

3. 网络关系

网络关系是社会资本的核心，指的是个体在社会中建立的各种关系网络，包括家庭、朋友、同事和社区成员等。这些关系网络不仅提供情感支持和归属感，还能在关键时刻提供信息、资源和机会。例如，一个学生通过学校社团活动认识的朋友可能在未来提供就业推荐或创业支持。

社会资本的积累和运用对个体的社会发展具有深远影响。拥有丰富社会资本的个体更容易获得资源、信息和支持，从而在学习、工作和生活中占据优势地位。社会资本不仅有助于个人成功，还能促进社会的整体和谐与进步。因此，教育体系应重视培养学生的社会资本，通过多样化的活动和交往机会，帮助学生建立广泛而有价值的社会关系。

（二）与第二课堂的关系

第二课堂通过丰富的社交活动，帮助学生积累社会资本，拓展人际网络。通过社团活动、讲座、工作坊和志愿服务等形式，学生不仅能够结识新朋友，还能获得宝贵的资源和支持，增强他们在社会中的适应力和竞争力。

1. 社交网络

通过参与社团和各类活动，学生建立广泛的人际关系，获得信息和支持。通过参加各种社团，学生能够结识不同专业和年级的同学，建立广泛的人际网络。例如，学生在摄影社团中不仅学到了摄影技术，还结识了许多志同道合的朋友，形成了互相支持的社交圈。社团活动为学生提供了一个交流和互动的平台，通过共同的兴趣和目标，学生能够更容易地建立深厚的友谊和信任关系。第二课堂组织的各种交流活动，如讲座、工作坊和研讨会，为学生提供了与校内外专家学者交流的机会，拓展了他们的人际关系网络。例如，学生通过参加创新创业讲座，结识了许多创业者和投资人，为未来的创业计划积累了宝贵的人脉资源。交流活动不仅扩展了学生的视野，还提供了宝贵的知识和经验，使他们在未来的职业发展中更加自信和从容。

2. 互助合作

第二课堂中的互助活动和合作项目，增强学生的互惠意识和信任感，积累社会资本。通过参与志愿服务和社会实践，学生在帮助他人的过程中积累了互惠和信任的社会资本。例如，学生在社区服务中结识了许多社区居民，建立了互相帮助的关系网络，增强了社会责任感和服务意识。志愿服务不仅让学生体验到帮助他人的快乐，还培养了他们的团队合作精神和社会责任感，使他们成为更有担当和责任感的社会成员。

在合作项目中，学生通过共同努力完成任务，培养了合作精神和信任感。例如，学生在科研项目中通过合作研究和共同撰写论文，不仅提高了学术水平，还建立了深厚的合作关系，积累了学术和社会资本。合作项目为学生提供了一个展示才能和发挥创意的平台，通过团队合作，他们能够更好地应对挑战和解决问题，增强了自身的自信心和成就感。

第三章 高校第二课堂教学现状分析

第一节 国内高校第二课堂的现状调研

一、现状概述

（一）发展情况

国内高校的第二课堂活动在政策支持和学校重视下得到了显著发展。近年来，教育部门出台了一系列政策，鼓励高校将第二课堂纳入整体教育体系，推动学生综合素质的全面发展。

1. 政策支持

国家教育部门发布多项政策，鼓励高校通过第二课堂丰富学生的课外生活，提升综合素质。例如，《关于加强和改进高校学生社团管理的意见》《普通高校第二课堂育人实施方案》等政策文件明确指出了第二课堂在高校教育中的重要性，并对其提出了具体的指导和要求。这些政策文件明确了第二课堂在培养学生综合素质、促进全面发展方面的重要作用，推动了高校在第二课堂方面的制度建设和资源投入。

2. 学校重视

各高校逐步认识到第二课堂的重要性，将其纳入学校的整体教育规划。许多高校成立了专门的部门负责第二课堂的规划和管理，如学生事务处、共青团委员会等，确保第二课堂活动的有效开展。学校通过设立专项经费、提供场地和设备支持、组织教师参与指导等措施，全面推动第二课堂活动的开展，形成了良好的管理机制和运行模式。

3. 学生参与度

随着政策和学校的支持，学生对第二课堂的参与度逐年提高。各类活动的丰富多样吸引了大量学生参与，使他们在学习之余有了更多的成长和发展的机会。通过参与第二课堂活动，学生不仅能够拓展知识面、提升实践能力，还能在社交、领导力和团队合作等方面得到锻炼和提升。例如，学生通过参加社团活动、志愿服务、学术竞赛等，培养了自己的兴趣爱好，增强了综合素质和社会适应能力。

（二）活动种类

当前高校第二课堂活动的种类和形式多样，涵盖了学术、文化、体育、社会服务等多个领域。

1. 社团活动

各类学生社团如文艺社、科技社、体育社、公益社等，提供了丰富的课外活动选择。学生可以根据自己的兴趣爱好加入相应的社团，发展特长。这些社团通过定期举办各种活动和比赛，激发了学生的参与热情，增强了校园文化氛围。

2. 志愿服务

高校组织的志愿服务活动，如社区服务、环境保护、支教活动等，不仅增强了学生的社会责任感，还培养了他们的服务意识和奉献精神。通过参与志愿服务，学生能够接触社会、了解社会，培养了关心他人、服务社会的责任感和使命感。

3. 学术竞赛

学术竞赛包括数学竞赛、物理竞赛、编程竞赛等，激发了学生的学术兴趣和创新能力，促进了学科知识的应用。学术竞赛不仅提高了学生的学术水平，还培养了他们的竞争意识和团队合作精神。

4. 创新创业项目

高校设立了创新创业孵化基地和实验室，鼓励学生开展创新项目和创业实践，培养他们的创新思维和实践能力。通过参与创新创业项目，学生能够将理论知识应用于实际问题，提升了创新能力和实践水平。

5. 体育活动

丰富的体育活动，如篮球赛、足球赛、田径运动会等，增强了学生的身体素质，培养了团队合作精神和竞争意识。体育活动不仅提高了学生的身体健康水平，还培养了他们的体育精神和团队意识。

（二）组织管理

高校第二课堂的组织和管理模式日益完善，涉及学校层面的总体规划和具体部门的执行管理。高校制定了详细的第二课堂活动计划，将其纳入学校的年度工作计划中。学校领导层高度重视第二课堂活动，定期召开专题会议，研究和部署相关工作。通过制定长期和短期目标，明确第二课堂活动的发展方向和重点，确保活动的有序开展和持续改进。具体执行由各职能部门和学生组织负责，如学生事务处负责活动的总体协调，共青团委员会负责活动的具体组织，各院系和学生社团负责活动的实施和管理。这种多层次的管理模式确保了第二课堂活动的有序开展和有效管理。通过设立专职人员和兼职人员相结合的管理团队，保证了第二课堂活动的专业性和多样性。高校建立了有效的反馈机制，通过问卷调查、座谈会等形式，收集学生和教师的意见和建议，不断改进和优化第二课堂活动。通过定期评估活动效果，总结经验教训，调整活动内容和形式，提高活动的吸引力和实效性。

二、存在的问题

（一）资源不足

高校在开展第二课堂活动中面临资源不足的问题，限制了活动的规模和质量。资源的匮乏不仅影响了活动的频率和种类，也制约了学生的参与和活动的效果。

1. 资金短缺

第二课堂活动需要大量的经费支持，如活动场地租赁、设备购置、活动奖品等。然而，许多高校的第二课堂经费有限，导致活动经费不足，影响了活动的开展。

（1）经费来源有限

目前，许多高校的第二课堂经费主要依赖于学校的有限预算和部分外部资助。由于经费来源单一且不稳定，导致活动资金不足，制约了活动的规模和质量。例如，某些学术竞赛或创新项目因经费不足，无法提供必要的实验材料和设备，影响了学生的参与体验和成果产出。

（2）活动成本高

组织高质量的第二课堂活动需要投入大量的资金，包括聘请专业指导老师、购置专业设备、租赁活动场地以及提供活动奖品等。这些高成本的投入往往超出了学校和学生社团的财力范围，使得许多有创意和意义的活动难以顺利开展。

2. 场地有限

活动场地的不足也是一个突出问题。高校的教学楼和实验室主要用于课堂教学，课外活动的场地相对较少，导致学生社团和活动组在场地安排上经常遇到困难。

许多高校缺乏专门用于第二课堂活动的场地，学生社团和活动组只能借用教学楼、图书馆和实验室等公共设施。这些设施的使用优先级通常低于教学和科研活动，导致学生社团在场地使用上受到限制。例如，学生艺术团体可能无法找到合适的排练场地，体育社团也可能因为场地紧张而无法定期组织训练和比赛。

即使有一些用于课外活动的场地，由于管理不善，使用效率也不高。场地预订系统不完善，导致多个社团在同一时间申请同一场地，或者场地长期空置无人使用。此外，部分场地设施老化、维护不足，无法提供安全和舒适的活动环境，影响了学生的参与积极性和活动效果。

资源不足的问题需要高校在政策和管理上进行调整，以提供更充足的资金支持和更合理的场地分配，确保第二课堂活动的顺利开展和质量提升。通过多方合作，吸引外部资源，优化场地管理，可以有效缓解资源不足的问题，促进第二课堂活动的全面发展。

（二）师资力量

第二课堂活动中师资力量的不足，特别是缺乏专业指导教师的问题，影响了活动的质量和效果。教师的指导和参与对第二课堂的成功至关重要，缺乏专业教师的支持将直接限制学生在活动中的学习和成长。

1. 指导教师不足

许多高校的第二课堂活动缺乏专业指导教师，导致学生在活动中得不到充分的指导和帮助。这不仅影响了活动的效果，也限制了学生的学习和成长。

第二课堂活动，如科研项目、创新创业、艺术创作等，往往需要专业知识和技能的支持。然而，许多高校在这些领域缺乏足够的专业指导教师，导致学生在活动中无法获得及时和有效的指导。例如，学生在参与科技创新项目时，缺乏专业教师的指导，可能会在实验设计、数据分析和项目管理上遇到困难，从而影响项目的质量和成果。

在没有专业指导教师的情况下，学生在活动中遇到的问题和困惑难以得到解答，导致学习效果和活动质量大打折扣。缺乏指导的活动不仅降低了学生的参与积极性，也限制了他们在活动中获得的新知识和技能的深度和广度。

2. 专业教师参与度低

由于课业繁重和科研任务多，许多专业教师参与第二课堂活动的积极性不高，导致专业指导的缺乏和活动水平的局限。

专业教师通常承担着繁重的教学和科研任务，难以抽出时间和精力参与第二课堂活动的指导。即使有兴趣参与，时间和精力的有限也使得他们无法对活动进行全面的支持和投入。例如，一名教授可能要同时负责多门课程的教学、多个科研项目的管理和学生论文的指导，难以兼顾第二课堂活动。

目前，许多高校对教师参与第二课堂活动的激励机制不够完善，导致教师缺乏参与的动力。教师的绩效评估和职称晋升主要基于教学和科研成果，第二课堂活动的指导和参与往往未能得到充分认可和奖励。这种情况下，教师更倾向于将时间和精力投入到能够直接影响职业发展的教学和科研工作中，而忽视了第二课堂活动的指导。

为了解决师资力量不足的问题，高校需要采取多方面的措施：

（1）增加专业指导教师数量：高校可以通过招聘、培训和引进外部专家等方式，增加第二课堂活动的专业指导教师数量，确保学生在活动中能够获得专业的指导和支持。

（2）减轻教师负担：通过合理分配教学和科研任务，减轻教师的工作负担，使他们有更多的时间和精力参与第二课堂活动。同时，高校可以提供更多的资源和支持，帮助教师平衡教学、科研和第二课堂活动的工作。

（3）完善激励机制：建立和完善教师参与第二课堂活动的激励机制，将教师在第二课堂活动中的贡献纳入绩效评估和职称晋升体系，鼓励更多教师积极参与和支持第二课堂活动。

通过以上措施，高校可以有效提升第二课堂活动的师资力量，确保活动质量和效果，促进学生在第二课堂中的学习和成长。

（三）学生参与度

学生在参与第二课堂活动中的积极性问题，影响了活动的广泛性和效果。高参与度是确保第二课堂活动成功的重要因素，然而，许多高校在这方面面临诸多挑战。

1. 学业压力

学业压力是学生参与第二课堂活动的一大障碍。许多学生因为课程和考试的压力，无法抽出足够的时间和精力参与课外活动。

（1）课业负担重：学生的课程安排密集，作业和考试压力大，使得他们在课后很难有余力参加第二课堂活动。例如，一些理工科学生常常需要花大量时间在实验室和课堂上，课后还要完成繁重的作业和准备考试，几乎没有时间参与课外活动。

（2）优先级低：在应试教育的背景下，学生和家长往往将学业成绩放在首位，认为课外活动是次要的，甚至是可有可无的。这种观念导致学生不愿意投入时间和精力参与第二课堂活动，认为这些活动对他们的学术和职业发展帮助不大。

2. 时间安排不合理

部分高校的第二课堂活动时间安排不合理，与学生的课程时间冲突，导致学生无法参加活动。此外，部分活动安排在课后或周末，也影响了学生的参与积极性。

（1）时间冲突：许多第二课堂活动的时间安排与学生的必修课和选修课时间重叠，使得学生难以两全其美。例如，一些社团活动或讲座安排在平时的上课时间或晚自习时间，学生在面临选择时往往会优先选择课程学习。

（2）课后安排不便：许多活动安排在课后或周末，学生由于疲劳或有其他安排，难以参加。这种情况下，即使活动内容有吸引力，学生也可能因为时间安排不便而放弃参与。例如，一些学生可能利用课后和周末时间进行兼职工作或回家探亲，无法全身心投入到第二课堂活动中。

（四）评价机制

第二课堂活动评价机制的缺失或不完善，影响了活动效果的评估和改进。一个科学合理的评价机制对于确保第二课堂活动的质量和持续改进至关重要。然而，许多高校在这方面存在明显的不足。

1. 评价标准不明确

许多高校在第二课堂活动的评价标准上不够明确，缺乏科学合理的评价体系，导致活动效果难以量化和评估。

（1）标准不统一：目前，高校在评价第二课堂活动时缺乏统一的标准，导致不同活动之间评价标准不一致，难以进行横向比较。例如，同样是学术竞赛和体育活动，前者可能注重学术成果，后者则看重比赛成绩，但两者在综合素质培养方面的贡献如何评估，往往缺乏明确的标准。

（2）缺乏量化指标：第二课堂活动的评价往往依赖于主观判断，缺乏量化的指标，难以科学评估活动的效果。比如，一次志愿服务活动，如何衡量学生的参与度、服务质量和社会影响，常常依赖于活动组织者的主观评价，而不是基于客观数据的量化评估。

（3）片面性：评价标准往往过于片面，只关注活动的某一方面，如参与人数或活动次数，而忽视了活动对学生综合素质提升的实际效果。例如，一些活动虽然参与人数多，但对学生能力的提升有限，如果只看参与人数而不看活动质量，就无法全面评估活动的效果。

2. 反馈机制缺失

活动后的反馈和总结机制不完善，学生的意见和建议难以及时反馈和采纳，影响了活动的改进和提升。

（1）反馈渠道不畅：在许多高校，学生对于第二课堂活动的意见和建议难以通过正式渠道反馈给活动组织者。即使有反馈渠道，学生的反馈往往得不到重视和及时处理，导致学生对反馈机制失去信心。例如，学生在参加某次讲座后提出了改进建议，但这些建议未能传达给主办方，导致后续活动中依旧存在同样的问题。

（2）总结不系统：活动结束后，缺乏系统的总结和评估机制，导致活动的经验和教训难以积累和传承。很多活动结束后，仅仅停留在表面的总结，而未进行深入的反思和分析，无法从中汲取教训，改进未来的活动。例如，一次大型活动结束后，如果没有系统的总结和反思，下次举办类似活动时，可能会重复同样的错误。

（3）学生参与度低：在反馈机制中，学生的参与度往往不高。由于缺乏有效的激励机制和参与渠道，学生对反馈的积极性不高，导致反馈机制流于形式。例如，很多高校在活动后仅通过问卷调查形式收集学生意见，但没有采取进一步措施激励学生参与，问卷回收率低，且填写内容不够详实，无法真实反映学生的意见和建议。

第二节　国外高校第二课堂的成功案例

一、美国高校

（一）典型案例

介绍美国高校在第二课堂方面的典型案例，如哈佛大学、斯坦福大学等，通过具体实例展示其成功经验。

（1）哈佛大学：哈佛大学的第二课堂活动丰富多样，包括学生社团、学术竞赛、志愿服务和职业发展项目等。哈佛的公共服务办公室（Phillips Brooks House Association）提供了广泛的志愿服务机会，鼓励学生参与社区服务，培养社会责任感和领导能力。

（2）斯坦福大学：斯坦福大学注重创新和创业教育，其著名的斯坦福设计学校（d.school）提供了跨学科的创新项目，帮助学生将理论应用于实践，培养创新思维和实践能力。此外，斯坦福大学的学生创业孵化器（StartX）为学生创业提供了平台和资源，支持学生开展创新创业项目。

（二）管理模式

描述美国高校第二课堂的管理模式和运营机制，包括资源配置、师资配备、活动设计等。

（1）资源配置：美国高校在第二课堂活动中投入大量资源，包括专门的活动经费、场地设施和技术支持。学校通过多方筹集资金，确保活动的顺利开展。

（2）师资配备：美国高校重视师资力量，聘请专业指导教师和行业专家参与第二课堂活动，提供专业指导和支持。例如，斯坦福大学的 d.school 通过聘请来自不同领域的专家，为学生提供跨学科的学习和实践机会。

（3）活动设计：美国高校的第二课堂活动设计注重学生的兴趣和需求，通过丰富多样的活动形式，如实地考察、项目研究、社团活动等，激发学生的参与热情和创造力。

（三）评价机制

（1）量化评估：美国高校采用科学的量化评估方法，通过问卷调查、数据分析等方式，评估活动的效果和学生的参与度。例如，哈佛大学通过定期的学生满意度调查，收集学生对第二课堂活动的反馈，进行数据分析，以优化活动设计和管理。

（2）定性反馈：除了量化评估，美国高校还重视定性反馈，通过学生座谈会、教师评估等形式，收集学生和教师的意见和建议，确保活动的质量和效果。例如，斯坦福大学在每学期结束时，邀请学生和教师参与活动总结会，分享经验和建议，改进活动内容和形式。

二、英国高校

（一）典型案例

（1）牛津大学：牛津大学的学生社团和学术组织活动丰富多样，包括辩论社、戏剧社、科学社等，学生可以根据自己的兴趣和专业选择参与。牛津大学的志愿服务项目如"Oxford Hub"通过与社区合作，提供多种志愿服务机会，培养学生的社会责任感。

（2）剑桥大学：剑桥大学的"Cambridge Union Society"是世界上最古老的辩论社团之一，学生通过参与辩论活动，提升语言表达能力和逻辑思维能力。剑桥大学还设有多个研究中心和实验室，鼓励学生参与科研项目，提升学术素养和研究能力。

（二）活动设计

描述英国高校在第二课堂活动设计上的特色，如何结合学术与实践，提升学生的综合素质。

（1）学术与实践结合：英国高校注重将学术知识与实践活动相结合，通过实地考察、科研项目和学术竞赛等形式，提升学生的综合素质。例如，剑桥大学的学生可以参与各类科研项目，与导师合作进行科学研究，学以致用。

（2）跨学科交流：英国高校的第二课堂活动注重跨学科交流，鼓励学生在不同领域之间进行知识和技能的交叉融合。例如，牛津大学的"Oxford Union"辩论活动不仅涉及政治、经济等社会科学领域，还涵盖科学、技术等自然科学领域，培养学生的跨学科思维能力。

（三）学生反馈

分析英国高校如何通过学生反馈机制不断优化第二课堂活动，满足学生多样化需求。

（1）反馈渠道多样化：英国高校通过多种渠道收集学生的反馈意见，包括在线问卷、意见箱、学生座谈会等。例如，牛津大学通过定期的在线问卷调查，收集学生对不同活动的意见和建议，确保活动的多样性和适应性。

（2）持续改进：根据学生反馈，英国高校不断改进和优化第二课堂活动，确保活动的质量和效果。例如，剑桥大学在每学期结束后，邀请学生参加活动总结会，分享参与经验和建议，根据反馈调整活动内容和形式，提高学生的满意度和参与度。

四、其他国家高校

（一）典型案例

介绍其他国家高校（如德国、日本、澳大利亚等）在第二课堂方面的成功案例，展示其独特做法和成效。

（1）德国高校：德国的高校如慕尼黑工业大学，通过工程项目和实习实践，培养学生的工程实践能力和创新精神。德国高校的"Dual Study"项目将学术学习与企业实习相结合，为学生提供了理论与实践相结合的学习模式。

（2）日本高校：日本的东京大学重视学生的全面发展，通过丰富的文化活动、体育竞赛和学术研讨会，提升学生的综合素质和国际视野。例如，东京大学的"Global Leadership Program"通过跨文化交流和领导力培训，培养学生的全球视野和领导能力。

（3）澳大利亚高校：澳大利亚的墨尔本大学通过创新创业项目和社区服务活动，培养学生的创新精神和社会责任感。例如，墨尔本大学的"Melbourne Accelerator Program"支持学生开展创业项目，提供资金和导师支持，帮助学生实现创业梦想。

（二）跨文化交流

描述这些高校在第二课堂中如何开展跨文化交流活动，提升学生的国际视野和跨文化沟通能力。

（1）国际学生交流项目：这些高校通过国际学生交流项目，邀请来自不同国家的学生参与交流，提升学生的跨文化沟通能力。例如，东京大学的"Short-term Exchange Program"邀请国际学生来校交流学习，促进不同文化背景的学生之间的互动和交流。

（2）跨文化研讨会：组织跨文化研讨会和论坛，邀请国际专家学者分享研究成果和经验，提升学生的国际视野。例如，墨尔本大学的"Global Issues Forum"定期邀请国际学者和学生探讨全球性议题，培养学生的全球视野和跨文化理解能力。

（三）创新实践

分析这些高校在第二课堂中的创新实践，如科技创新、创业教育等，提升学生的创新能力。

（1）科技创新项目：通过设立科技创新实验室和研究中心，支持学生开展科技创新项目。例如，慕尼黑工业大学的"Entrepreneurship Center"提供实验室和研究资源，支持学生开展创新研究和项目开发。

（2）创业教育：设立创业孵化器和创业基金，支持学生开展创业实践和项目孵化。例如，墨尔本大学的"Melbourne Accelerator Program"通过提供资金、导师和资源支持，帮助学生实现创业梦想，提升创新能力和实践水平。

第三节 对比分析与启示

一、国内外现状对比

（一）政策支持

政策支持在高等教育管理中扮演着关键角色，尤其是在第二课堂活动的推广与实施方面。在国内，高校对第二课堂活动的政策支持主要集中在行政指导和财政资助上。虽然这种支持在短期内有效地推动了活动的开展，但通常缺乏长期和稳定的支持机制，且在具体执行细则上往往显得不够明确和具体，这限制了第二课堂活动的深入发展和质量提升。

相比之下，国外高校在政策支持上表现出更加系统和持续的特点。例如，在美国，许多大学通过州政府和联邦政府的教育资助计划得到稳定的资金支持，这些资金专门用于丰富学生的校园体验，支持各类课外活动。此外，一些国外高校还在制度上为第二课堂活动提供保障，比如通过为课外活动设定学分，将其正式纳入学生的学业评价体系中，这不仅增加了第二课堂活动的吸引力，还提高了学生参与的积极性。

在对比中可以看出，国外高校在保持政策的持续性和系统性方面做得更好。这种成熟的政策支持机制不仅保证了第二课堂活动的质量和多样性，也使这些活动成为学生综合素质培养的重要组成部分。国内高校在这一方面还有较大的提升空间，需要从制度设计和政策实施两方面入手，确保第二课堂活动能够得到更全面和持续的支持。

（二）资源配置

资源配置是支持第二课堂活动开展的关键因素之一。在国内，高校在资源配置方面面临一些挑战。资金和场地资源的紧张是两大主要问题，这些限制因素在一定程度上影响了第二课堂活动的规模和质量。由于财政预算的限制，许多活动缺乏必要的物质和财力支持，导致学生的参与体验和活动效果受到影响。

相较之下，国外高校在资源配置上表现得更为充足。许多高校不仅设立有独立的学生活动中心，还拥有专门的预算来支持这些中心的运营。例如，美国的大学通常拥有完善的体育设施、艺术中心和多功能会议室，这些设施专门用于支持学生的各类课外活动。此外，国外高校还常常配备专职的活动策划和管理人员，这些师资力量可以为学生提供专业的指导和支持。

通过对比分析可以看出，国外高校在确保第二课堂活动的资源需求方面采取了更为科学和合理的做法。他们不仅提供了丰富多样的活动设施，还确保了活动的持续性和多样性通过充足的经费保障。这种资源配置优势使得国外高校能够提供更多元化和质量更高的第二课堂活动，这是国内高校需要学习的重要方面。国内高校应考虑增加对第二课堂活动的资金投入，并改善活动设施，以提升学生的参与度和活动的整体质量。

（三）活动形式

第二课堂活动是高等教育体系中不可或缺的一部分，它极大地丰富了学生的校园生活并促进了全面能力的提升。

（1）国内现状：在国内高校中，第二课堂活动往往采取比较传统的形式。这些活动主要包括学术讲座、社团活动、文艺表演等。虽然这些活动在一定程度上满足了学生的学习和娱乐需求，但在形式和内容上缺乏足够的创新和多样性，难以全面覆盖学生多元化的兴趣和发展需求。

（2）国外现状：相比之下，国外高校的第二课堂活动形式更为多样化和创新。许多学校通过引入案例模拟、国际交流、创业竞赛等活动，不仅增加了学生的实践机会，也促进了学生技能的多方面发展。例如，一些学校会举办模拟联合国大会，让学生在模拟国际外交的环境中锻炼其公共演讲和谈判技巧。创业竞赛则让学生在竞争中学习如何将理论知识转化为实际的商业计划。

（3）对比分析：国外高校在第二课堂活动的形式和内容上展现出更大的创新性和多样性。这种丰富的活动选择不仅更能激发学生的学习兴趣，也更有效地促进了学生的全面发展。通过这些活动，学生能够在实际操作中学到知识，发展技能，并且培养国际视野和创业精神。国内高校可以从国外的经验中汲取灵感，创新第二课堂活动的形式和内容，以更好地适应学生多样化的发展需求和未来社会的挑战。

（四）评价机制

评价机制是第二课堂活动成功与否的关键因素之一，它直接关系到活动能否达到预期目标和持续改进。

1. 国内现状

在国内高校中，第二课堂活动的评价机制还存在一定的局限性。多数高校采用定性分析的方式来评估活动效果，如通过学生的感受和反馈来判断活动的成功与否。这种方法虽然简便，但往往缺乏客观的评价标准和系统的反馈机制，难以准确衡量活动的具体成效和影响。

2. 国外现状

相比之下，国外高校在第二课堂活动的评价体系上更为完善和系统。许多高校建立了包括学生反馈、活动成效分析及持续跟踪评估的综合评价体系。例如，一些大学利用在线调查工具收集学生对活动的反馈，通过数据分析软件来评估活动的影响力和效果，同时对活动进行长期跟踪，以确保活动的持续改进和优化。

3．对比分析

国外高校的评价机制通常较为成熟，能够提供更加科学和客观的活动效果评估。这不仅有助于及时发现问题和改进活动，还能有效提升学生的参与度和满意度。相比之下，国内高校在建立和完善第二课堂活动的评价体系方面还有待进一步发展。引入更科学的评价方法和标准，建立持续反馈和改进机制，将是提升第二课堂活动质量和效果的重要步骤。

二、借鉴与启示

（一）政策改进

为了加强对第二课堂活动的支持和认可，国内高校应该从国外高校的成功案例中汲取灵感，特别是在政策支持方面。目前，国外许多高校通过稳定的政府资助和私人赠款，为学生提供广泛的第二课堂活动，这些活动不仅丰富了学生的校园生活，也成为他们职业发展的有力补充。

（1）建立长期政策支持机制：国内高校应当制定长期和稳定的政策支持机制，比如设立专门的教育基金或赠款项目，这些资金专门用于支持学生的第二课堂活动。通过这种方式，可以确保这些活动的持续性和质量，从而使学生从中获得更大的益处。

（2）纳入教育评价体系：将第二课堂活动的参与度和成果纳入学生的综合评价和毕业资格要求中，这一措施将极大地提高这些活动的重视程度。这种做法不仅鼓励学生积极参与，而且通过这些活动的成果展示，学生的多方面能力得以体现，进而影响他们的学业和未来发展。

（3）提升政策透明度和参与度：确保这些政策的制定过程公开透明，允许教职员工和学生参与其中，共同讨论和决定哪些类型的活动最能满足他们的需求和期望。通过这种方式，政策的实施更加符合实际需要，也更容易得到广泛的接受和支持。

通过这些改进策略，不仅可以提高第二课堂活动的质量和参与度，还可以确保这些活动在学生的教育和个人发展中发挥更大的作用。

（二）资源优化

随着第二课堂活动对学生全面发展的显著贡献越来越被重视，国内高校亟需改善并扩充支持这些活动的资源。目前，许多高校在资金和场地资源方面存在不足，这限制了第二课堂活动的种类和质量，从而影响了学生体验和成长。

（1）增加资金和场地投入：国内高校应通过增加预算分配，确保第二课堂活动有足够的资金支持。这包括资助学生社团运作、特殊项目及活动的开展。同时，学校应考虑扩建或优化现有场地设施，以适应不断增长的活动需求。

（2）建立学生活动中心：高校应考虑建立或升级学生活动中心，这些中心应配备现代化的设施和技术支持系统。这不仅限于提供物理空间，还应包括音响设备、计算机和网络资源，以及适合各类活动的灵活布局空间。

（3）实施资源共享机制：为了优化资源利用，高校应建立校内资源共享机制，允许不同院系和学生组织之间共享场地、设备和资金。通过在线预约系统和内部协调平台，可以实现资源的高效调度和使用，避免重复投资和资源浪费。

（4）多元化资源来源：除了学校资金支持外，高校还应积极寻求外部资助，包括企业赞助、校友捐赠和政府项目资金。这种多元化的资金策略可以为第二课堂活动提供更为稳定和丰富的资源支持。

通过这些策略的实施，国内高校可以极大地提升第二课堂活动的质量和多样性，更好地满足学生的发展需要，并促进其综合能力的提升。这种资源优化不仅提升了学生的参与感和满意度，也增强了高校的教育品质和社会声誉。

（三）创新活动

在全球化的教育背景下，第二课堂活动的创新对于培养学生的全球视野和实际操作能力至关重要。国内高校面临的挑战在于如何将传统的教育模式转变为更开放、更创新的学习平台。

（1）推广跨学科项目：国内高校应通过整合不同学科的资源和优势，推动跨学科项目的开展。例如，可以结合工程学、管理学和艺术设计，开发出新的学术项目和课程，促进学生从多角度解决问题的能力。

（2）国际合作与交流：加强与国外知名高校的合作，共同开发课程和研究项目，为学生提供国际交流的机会。例如，与国际大学联合举办夏令营、短期课程或双学位项目，让学生在国际环境中学习和成长。

（3）实施模拟国际活动：如模拟联合国、国际商业案例竞赛等活动，这些活动能够让学生在模拟的国际舞台上实践和锻炼自己的外交、商业和谈判技能，增强全球视野。

（4）建立创新实践平台：鼓励建立创客空间、创业孵化器等实践平台，提供必要的资源支持，如资金、指导和技术支持，帮助学生将创意转化为实际项目。这些平台不仅能激发学生的创新意识，还能提供实际操作的机会，从而增强学生的创业和创新能力。

（5）强化创新教育体系：高校应将创新能力的培养纳入教育体系中，为学生提供必要的理论知识和实践指导。通过课程和教师资源的优化配置，确保学生能够在理论学习与实践操作中获得均衡发展。

通过实施这些创新策略，国内高校不仅能够提升学生的综合能力，还能在全球教育舞台上展现其教育创新和领导力。这种持续的创新和改进将为学生的未来职业发展和个人成长打下坚实的基础。

（四）评价机制

为了确保第二课堂活动不仅符合教育目标而且能持续改进，国内高校需建立一个科学和全面的评价机制。

（1）制定评价指标：高校应制定一系列定量和定性的评价指标来衡量第二课堂活动的效果。定量指标可以包括学生参与度、活动频率、活动完成率等，而定性指标则应关注学生的满意度、自我反馈、技能提升和知识增长等方面。

（2）实施定期评估：高校应定期进行活动效果的评估，这不仅包括活动结束后的即时评估，也应包括长期跟踪评估，以了解活动对学生能力发展的持续影响。这种评估可以通过问卷调查、个别访谈、小组讨论和案例研究等多种方式进行。

（3）反馈与调整：建立一个系统的反馈机制是至关重要的。通过收集学生、教职工和外部利益相关者的反馈，高校可以获得宝贵的第一手资料，用于调整和优化活动内容和形式。例如，如果学生反映某个活动不够吸引人或者与学业需求不相关，学校可以相应地调整活动主题或增加相关资源。

（4）透明度与参与性：为了提高评价体系的接受度和有效性，高校应确保评价过程的透明度，让所有参与者都清楚评价的标准和过程。同时，应鼓励学生和教职工参与到评价过程中来，让他们对活动的改进提出自己的见解和建议。

（5）持续优化：评价结果应被视为一种资源，用于指导未来的活动规划和实施。通过建立起效果评估与活动规划之间的正向反馈循环，高校可以不断优化其第二课堂活动，确保其与教育目标和学生需求保持一致。

通过这样一个科学和系统的评价机制，国内高校能够更有效地管理和优化其第二课堂活动，从而提升这些活动的质量和对学生的实际影响。

第四章　高校第二课堂教学改革的路径

第一节　改革的必要性与目标

一、改革必要性

在当今快速变化的社会和经济环境中，高等教育面临着多方面的挑战和改革需求。特别是在学生能力培养方面，传统的课堂教学已不足以满足所有的教育目标和社会需求，这使得第二课堂活动的重要性日益凸显。

（一）应对社会需求变化

在当今的教育和职业领域，社会需求的快速变化正推动着高等教育机构重新考虑和设计其教学模式和内容。全球化和技术革新不仅改变了工作的性质，也重新定义了雇主对人才的期望。现代工作场所越来越看重复合型人才，即那些不仅具备深厚的专业知识，同时拥有跨领域的创新能力、实践能力和人际交往能力的人才。

在这种背景下，第二课堂教育显得尤为重要。它不同于传统的课堂学习，第二课堂更加强调学生能力的实际应用和发展。通过组织各种模拟实践活动、项目式学习和团队合作项目，第二课堂为学生提供了一个接近真实工作环境的平台。在这些活动中，学生不仅能够将课堂上学到的理论知识用于实际问题的解决，还能在过程中磨练自己的团队协作能力、领导力和决策能力。

例如，通过参与跨学科项目，学生可以学习如何将技术知识与商业策略结合，解决复杂的现实问题。在这种活动中，创新能力尤为重要，学生需要不断尝试和调整解决方案，以适应不断变化的项目需求和目标。此外，这种活动环境也优化了学生的沟通技巧和人际互动能力，因为他们需要与不同背景和专业的队友有效合作，共同完成项目目标。

因此，高校和教育决策者必须认识到，适应社会需求变化并有效地培养复合型人才的关键，在于充分利用第二课堂的教育资源。通过扩大第二课堂的规模和质量，确保所有学生都有机会参与这些丰富多彩的活动，高校可以为学生提供必要的技能和经验，使他们在未来的职场中更具竞争力和适应性。这种教育模式的转变不仅回应了社会的呼声，更为学生的终身学习和职业发展奠定了坚实的基础。

（二）提升教育质量

第一课堂教育，即传统的课堂学习，无疑在提供专业知识和理论基础方面发挥了核心作用。然而，为了全面提升教育质量并满足当代社会对高素质人才的需求，仅仅依赖传统课堂是不够的。因此，第二课堂的重要性日益凸显，它通过实践活动、社团组织和各类竞赛等多样化的教学形式，极大地丰富了教育内容和学习方式，为学生的全面发展提供了广阔的平台。

第二课堂的实践活动允许学生将理论知识应用于实际情境中，从而深化理解和加强记忆。这些活动往往设计为解决现实世界的问题，如通过模拟公司运营、社会服务项目或科研实验等。在这样的活动中，学生不仅能够学习如何团队合作、项目管理，还能够在实践中培养领导能力和创新思维。

学生社团是第二课堂的另一个重要组成部分。它们提供了一个自我管理和自我服务的平台，让学生可以在兴趣和职业目标驱动下自主选择活动。通过参与社团活动，学生不仅能够在兴趣领域获得更深入的探索，还能在实际操作中学习到组织管理、事件策划和公共交流等实用技能。

各类学术和非学术竞赛也是第二课堂中的关键组成部分，它们激励学生追求卓越，提升个人能力。竞赛如数学奥林匹克、辩论赛、科技创新大赛等，不仅提供了展示才能的舞台，更是学生才能得以快速成长和提升的重要途径。通过参与这些竞赛，学生能够在竞争和挑战中找到自我提升的动力，同时也能增加其在未来就业市场上的竞争力。

为了更好地实现这些目标，高校需要不断改革和优化第二课堂的内容和形式。这包括更新活动内容以反映最新的行业动态和技术发展，优化活动结构以提高学生参与度，以及增强跨学科的协作项目，以培养学生的综合素质。

通过上述措施，第二课堂不仅能够极大地提升整体教育质量，还能有效促进学生的个性化和全面发展。这种教育模式的持续改革和发展，是高校适应现代教育需求、培养未来社会所需人才的关键。

（三）增强学生竞争力

在当今日益全球化且竞争激烈的就业市场中，单一的学术成就已不足以让毕业生脱颖而出。雇主越来越倾向于寻找那些不仅具备专业知识，而且拥有多元化技能和实践经验的候选人。在这种背景下，第二课堂活动显得尤为重要，因为它们提供了培养这些技能的理想平台。

第二课堂通过提供各种实践活动，如实习、志愿服务和学术研讨会，使学生有机会在学习期间就开始积累工作经验。例如，通过实习，学生可以在真实的职场环境中应用他们的理论知识，学习职场礼仪，以及发展与职业相关的技能。这种经验不仅增强了学生的简历，更重要的是，它帮助学生建立了职业身份，更好地理解自己所学专业的实际应用，从而更明确自己的职业方向。

志愿服务活动则提供了一个服务社会、增进公共福祉的机会，这些活动通常要求学生运用创新解决方案来应对社会问题。参与这样的活动不仅可以提升学生的社会责任感，还能增强他们的团队协作能力和领导能力，这些都是今天职场所极需的品质。

参与学术研讨和会议则可以加深学生对专业知识的理解和掌握。这类活动鼓励学生进行批判性思考、公开演讲和学术写作，这些技能对于任何职业生涯都是极其宝贵的。更重要的是，这些活动提供了一个与业内专家和其他学者交流的平台，有助于学生建立起职业网络。

通过这些第二课堂活动，学生不仅能够在毕业前获得宝贵的工作经验，更能在求职中展示他们的能力多样性和适应性。这些经历在简历中往往是突出的亮点，能够显著提升学生在就业市场中的竞争力。雇主往往更青睐那些能够证明自己具有实际工作能力和经验的应聘者。

总之，第二课堂活动为学生提供了一个多元化的学习和发展环境，不仅帮助他们建立必要的职业技能，还激发了他们的创新精神和社会责任感，这些都是在现代就业市场中脱颖而出的关键因素。

（四）激发学生兴趣和潜能

第二课堂教育作为传统课堂教育的重要补充，为学生提供了一个开放和多元的学习环境，使他们能够自主探索并追求个人兴趣。这种灵活的学习方式不仅可以激发学生的学习兴趣，还能帮助他们发现并培养自身的潜能，从而在个人和职业发展上取得更全面的成就。

在第二课堂中，学生可以自由选择参加各种俱乐部、工作坊、项目和竞赛等活动，这些活动覆盖了科学、艺术、体育、技术等多个领域。例如，对科技感兴趣的学生可以加入机器人俱乐部，而喜欢文艺的学生则可能选择参与戏剧团或诗歌朗诵活动。这种自主选择的过程本身就是一种探索，它鼓励学生根据自己的兴趣和热情进行学习和实践。

通过参与他们选择的活动，学生不仅能够深入探索个人兴趣，还能够发现自己在特定领域的潜力。例如，通过参加辩论俱乐部，学生可能会发现自己在公共演讲和批判性思考方面的天赋。这种发现往往能激励学生进一步提升相关技能，并可能引导他们选择未来的学术方向或职业路径。

第二课堂活动通过提供成功的经历和正面的反馈，帮助学生建立自信。参与表演艺术、体育比赛或科技项目等活动，不仅可以展示学生的才能，还可以在克服挑战和达成目标的过程中增强他们的自我效能感。这种成就感是自信心的重要来源，也是推动学生继续探索和发展的动力。

第二课堂所提供的多样化经历不仅在学生学习期间发挥作用，更有助于为他们的未来职业生涯和个人发展奠定坚实的基础。通过这些活动，学生可以获得宝贵的人际交往、团队合作和领导能力，这些都是未来工作中不可或缺的技能。此外，通过第二课堂的经历，学生能够更好地了解自己的职业兴趣和职业适合度，为未来的职业选择提供指导。

总之，第二课堂教育通过提供一个充满挑战与机遇的环境，不仅激发了学生的学习兴趣，还助力他们的个性化发展和潜能挖掘，从而使他们能够更自信、更有目的地迈向未来。通过对第二课堂的持续改革和优化，高校可以更有效地回应当代教育的挑战，为学生提供一个全面、动态且富有成效的学习环境。这不仅能够提高学生的学术表现和职业准备水平，还能激励他们成为社会需要的责任感强、创新精神充沛的未来领导者。

二、第二课堂教学改革目标

在当前教育改革的大背景下，高校不断探索如何更有效地结合传统课堂教育与现代教育需求，特别是在第二课堂活动方面。这些活动不仅补充了传统的课堂教学，而且提供了一个实践和创新的平台，旨在培养学生的多元化技能和全面素质。

（一）全面素质提升

全面素质的提升是高等教育中极为重要的一环，特别是在快速变化的现代社会中，学生需要具备多方面的能力来应对未来的挑战。第二课堂，作为传统教学之外的重要补充，提供了一个实践和探索的舞台，使学生能在更广阔的环境中发展和提升自己的能力。

第二课堂活动不仅限于学术性质，更包括各种形式的实践和探索活动，如科研项目、创业竞赛、社会服务等。这些活动的设计初衷是为了使学生能够在多样的环境中应用和测试他们的学术知识，从而获得更深层次的理解和应用能力。例如，科研项目可以让学生参与到实际的研究中，亲自处理数据，分析结果，这不仅能提升他们的科研能力，还能激发他们对未知领域的探索兴趣。

在第二课堂的活动中，创新和实践能力的培养尤为突出。创业竞赛等活动鼓励学生将创新理念实际化，这过程中他们需要调研市场、制定业务计划甚至推广自己的产品。这种从无到有的过程是对学生创新思维和实际操作能力的极大考验，也是一个实质性的学习和成长机会。

通过团队合作完成项目，学生能够学习如何与他人协作，处理人际关系中的冲突，以及如何有效沟通自己的想法。社会服务活动则要求学生走出校园，直接参与到社区服务中，这不仅帮助他们建立社会责任感，还能增强他们在现实环境中解决问题的能力。

这些第二课堂活动的共同点在于它们都强调综合能力的培养——不仅仅是学术知

识的学习，更重要的是实际操作、创新思维、团队协作和社会实践能力的提升。通过这些活动，学生的视野被极大地拓宽，他们能够更好地理解和预测未来可能遇到的挑战，并为之做好准备。

总之，通过参与第二课堂的多样化活动，学生不仅能够获得知识的深度和广度，更重要的是，能够得到个人能力的全面提升，这为他们未来无论是继续深造还是步入职场都提供了坚实的基础。

（二）学生满意度提高

在当今教育环境中，提升学生满意度成为高校竞争力提升的关键因素之一。通过实施多样化的第二课堂活动，学校不仅能够丰富学生的校园生活，还能有效提高学生对教育体验的整体满意度。这种满意度的提升，直接关系到学生的学习效果和未来的忠诚度。

第二课堂活动通过提供多种类型的教育体验，满足了学生多样化的兴趣和需求。无论是艺术、科技、体育还是社会服务，多元化的活动选项使得每位学生都能找到符合个人兴趣的领域。例如，艺术爱好者可能会参加绘画或音乐工作坊，而对科学感兴趣的学生则可能参与到科技创新项目中去。这种按兴趣小组分类的活动设计，不仅使学生能够在喜欢的领域深化专业技能，还增加了他们在学习过程中的乐趣和参与感。

当学生在校园中找到志同道合的朋友和兴趣小组时，他们的校园归属感也随之增强。这种归属感是学生学习动力的重要来源。参与第二课堂活动不仅是学习新知识的过程，更是社交和自我表达的舞台，学生可以在这里展示自己的才华，实现自我价值，这直接增强了他们对学习过程的满意度和参与度。

通过调研学生的兴趣并据此开设相关的工作坊和讲座，学校展示了对学生个性化需求的关注和满足。这种个性化的教育方法使学生感受到学校对其发展的重视，增加了学生对教育体系的信任和满意度。例如，如果一个学生对环保充满热情，学校可以提供相关的环境科学项目或绿色创新比赛，使学生能够在兴趣驱动下进一步探索和发展。

综合第二课堂中的所有这些因素，学生的教育体验得以全面提升。丰富的活动选择、增强的归属感和个性化的教育关怀共同作用，使得学生在校园中的每一天都充满期待和动力，这不仅提升了他们的学术表现，也优化了他们的心理和社交发展。

通过上述方式，第二课堂活动成为提升学生满意度的有效工具，帮助学校在提供高质量教育的同时，也关注学生的个人成长和幸福。这种全面的教育方法最终将培养出更多具备全面能力和高度满意感的毕业生。

（三）教育质量提升

在当今竞争日益激烈的教育环境中，高校不断寻求创新的教学方法来提高教育质量，并确保学生具备未来社会所需的关键技能。优化第二课堂教育是实现这一目标的重要途径，因为它可以弥补传统课堂教育在实践应用方面的不足，通过更加灵活和多样化的学习方式，为学生提供一个全面发展的平台。

第二课堂的优化开始于将传统课堂的理论教学与实践活动相结合。通过这种整合，学生可以在理解理论的同时，将所学知识应用于解决实际问题中。例如，商学院的学生可能在课堂上学习市场营销的基础知识，然后在第二课堂活动中，如市场营销竞赛或实际的商业案例分析中，应用这些知识。这不仅加深了学生对专业知识的理解，也培养了他们的应用能力。

通过第二课堂的各类活动，学生有机会发展批判性思维、问题解决能力以及领导力等关键技能。这些技能在现代职场中极为重要。例如，参与辩论俱乐部可以锻炼学生的逻辑思维和口头表达能力；通过参与学生会或领导社团活动，学生可以实践组织管理和团队领导技巧。这些活动不仅提供了学习和实践的场所，还为学生提供了展示和测试自己能力的机会。

将理论与实践紧密结合是第二课堂教育的核心。这种教学模式鼓励学生将课堂上学到的抽象理论转化为具体行动，通过实际操作来深化对知识的理解。这不仅使教育更具吸引力，还有助于学生更全面地掌握专业技能。

最终，优化第二课堂教育的目的是使学生在毕业后能够更快地适应社会和职场的需求。通过在学习期间就开始接触并解决真实世界的问题，学生能够在毕业时拥有更高的就业竞争力和更强的职业适应能力。这种教育模式不仅提高了学生的个人能力，还提升了高校的整体教育质量，使其更能满足社会的多元化需求。

通过这些措施，第二课堂不仅为学生的学术成长提供支持，更为他们的职业生涯和个人发展奠定了坚实的基础，从而在校园内外创造了一个互动、创新和成长的教育环境。

（四）创新实践提升

在教育领域中，创新和创业教育正逐渐成为重要的发展方向，特别是在第二课堂活动中，这一方向不仅有助于学生发展新的思维方式，还为他们提供了将理论知识应用于实际的机会。通过参与创新项目和创业活动，学生可以在校园内外实践他们的想法，这种经验对于他们未来的职业生涯极为重要。

1. 实践创新项目的重要性

第二课堂通过提供实际的创新项目，使学生能够直接参与到产品开发和服务创新的过程中。这些项目通常涉及跨学科的知识和技能，要求学生运用他们在不同课程中学到的知识来解决具体问题。例如，工程学生可能需要设计一种新的水资源管理系统，而商学学生则可能参与市场调研和商业模型的构建。这样的项目不仅提高了学生的专业技能，更重要的是激发了他们的创新思维。

2. 创业孵化平台的作用

高校中的创业孵化平台为希望将创意变为商业实践的学生提供了必要的资源和支持。这些平台通常提供从业务指导、资金支持到办公空间的全方位服务，帮助学生从零开始构建自己的企业。通过这些孵化器，学生可以在校园内尝试创业，遇到问题时能够得到即时的帮助和反馈，极大地降低了初创企业的风险。

3. 行业合作项目的优势

第二课堂活动中的行业合作项目，如与企业合作的实习项目或研发项目，为学生提供了直接接触和理解行业操作的机会。这些合作不仅使学生能够将学术知识应用于实际工作中，更使他们了解行业需求和趋势，增强了学生的行业敏感度和职业适应能力。同时，这种合作经常能够带来学校与企业间的双向学习和资源共享，从而提升教育和行业的共同发展。

4. 为创业和创新打基础

通过参与第二课堂中的创新实践活动，学生不仅能够提升自己的实践和问题解决能力，更重要的是，这些经历帮助他们建立了进入创新型企业或自我创业的信心和基础。了解市场运作和业务开展的基本原则为学生未来的职业选择提供了广阔的视野和坚实的基础。

总体来说，第二课堂的创新实践活动不仅丰富了学生的学习体验，更为他们将来在创新和创业领域中取得成功提供了强有力的支持和准备。

第二节　改革的基本原则

一、学生中心原则

在当前高校教育环境中，第二课堂活动作为学生学习和发展的重要组成部分，不仅丰富了学生的校园生活，还为他们提供了实际应用知识和技能的机会。

（一）需求导向

高校第二课堂活动的设计必须以学生的兴趣和需求为核心，这种学生中心的策略不仅能够有效提高学生的参与度，还能确保教育活动具有实际和长远的教育意义。通过精心设计的活动，学生可以在愉快的环境中学习新技能，发展兴趣，增进理解，从而更全面地发展个人潜力。

1. 实施学生兴趣调查

为确保第二课堂活动满足学生的实际需求，高校可以定期进行学生兴趣调查。这些调查可以通过问卷、数字投票或面对面访谈的方式进行，旨在收集学生关于他们希望学习的技能、探索的领域以及感兴趣的活动类型的信息。调查结果将直接影响活动的设计和实施，使得活动更加贴近学生的实际需求和期望。

2. 设计针对性的活动

根据调查结果，高校可以设计一系列符合学生兴趣的第二课堂活动。例如，对于那些对科技尤其感兴趣的学生，可以组织编程挑战赛。这类比赛不仅提供了一个展示编程技能的平台，还激励学生学习最新的编程语言和技术，与同好者交流，共同解决实际问题。此外，还可以引入与行业专家的研讨会，让学生有机会接触到真实世界的技术应用和职业生涯发展的指导。

对于文艺爱好者，高校可以组织诗歌朗诵会或创意写作工作坊。这些活动不仅促进学生的文学创作和批评能力，还提供了一个展示个人才能和表达创意的舞台。通过与知名作家和诗人的互动，学生可以获得宝贵的指导，深化对文学的理解和欣赏。

3. 活动的持续优化

确保第二课堂活动的成功不仅在于初步设计，还需要持续的反馈和优化。活动结束后，应收集参与学生的反馈，评估活动的效果和受欢迎程度。这些反馈将用于未来活动的改进，确保每次活动都能更好地满足学生的需求和期望。

通过这种需求导向的方法，高校的第二课堂活动能够更精准地对接学生的兴趣和需求，提供更有教育意义的学习机会，从而有效地提升学生的学习动力和整体满意度。这种策略不仅增强了学生的学习体验，还促进了他们在个人和职业发展上的全面成长。

（二）自主选择

提供自主选择的空间对于提升学生在第二课堂活动中的参与积极性至关重要。当学生有机会根据自己的兴趣和职业规划选择参与的项目时，他们更有可能全情投入，因为这些活动直接关联到他们的个人兴趣和未来发展。

1. 实现学生自主选择的策略

（1）兴趣与职业导向的活动设计：

高校可以设计一系列覆盖广泛领域的活动，从科技到艺术，从社会服务到企业实习，确保各种兴趣和职业规划都能得到对应的支持。例如，对于科技爱好者，可以提供编程、人工智能或电子工程相关的工作坊和竞赛；对于艺术倾向的学生，可以开设绘画、音乐制作或舞蹈表演的课程。

（2）灵活的选择机制：

学校应建立一个灵活的选择机制，允许学生在一个学期或学年中自由选择或更换活动。这种机制应包括清晰的指导和建议，帮助学生根据他们的兴趣和发展需要作出最佳选择。

（3）增强决策支持：

提供必要的决策支持对于帮助学生做出有意义的选择至关重要。这可以通过职业规划研讨会、一对一的辅导会话以及提供关于不同活动如何与职业道路相匹配的信息来实现。

2. 自主选择的好处

（1）增强参与感

自主选择使学生感到他们的个人兴趣和职业目标被重视，这增强了他们的参与感和活动的个人相关性。学生更可能投入到真正关心和热情的事务中，从而增加了活动的参与度和效果。

（2）深入学习

自主选择的活动更有可能推动学生在选定领域进行深入学习。他们不仅能获得知识，还能通过实践活动提升技能，如批判性思维、创新能力和解决问题的能力。

（3）促进个人发展

在自主选择的过程中，学生不仅在知识和技能上获得增长，还在决策能力、自我管理和自我驱动方面得到提升。这些能力对于他们未来的学术和职业生涯都是极其宝贵的资产。

综上所述，通过提供自主选择的空间，高校不仅能增强学生的学习动机和参与度，还能在更广泛的层面上支持他们的全面发展。这种教育策略深刻地体现了教育的学生中心理念，有助于培养适应未来挑战的全面发展的学生。

（三）个性发展：

在现代高等教育中，个性化发展成为关键，因为它有助于学生发现自我，探索潜能，并在各自独特的学习旅程中实现全面成长。为此，高校应提供一个充满机会的多样化活动平台，这些平台涵盖学术、体育、艺术等多个领域，以适应不同学生的兴趣和才能。

1. 实现个性化发展的策略

（1）多样化的活动选择：

高校应设计一系列涵盖广泛领域的活动，使学生可以根据自己的兴趣和才能选择参加。这包括但不限于科学研究项目、文学写作研讨、戏剧制作、体育竞技、音乐会等。通过这样的设计，学生不仅可以在自己擅长的领域深入学习，还可以尝试新的领域，从而全面发展其个性和能力。

（2）鼓励跨学科学习：

通过鼓励学生参与跨学科的课程和活动，高校可以帮助学生拓宽视野，增强理解力。例如，一个理工科学生可能会对参与艺术和设计的工作坊感兴趣，这不仅能够提升其审美能力，还能增强其在科研或工程项目中的创新思维。

（3）提供个性化支持和资源：

学校应根据学生的个性化需求提供必要的支持，如导师制度、职业咨询、心理辅导等。这些支持服务可以帮助学生解决学习过程中遇到的问题，同时指导他们如何有效利用校园资源进行个人发展。

（4）建立展示平台：

学校应建立各种展示平台，让学生有机会展示自己的学习成果和才艺，如学术会议、艺术展览、体育赛事和文化节等。这不仅能增加学生的自信心，还可以激励他们在专业领域中追求卓越。

2. 个性化发展的好处

这种关注个性化的教育模式使学生能在自己最感兴趣的领域中获得深入的学习和实践机会，同时也鼓励他们探索新领域，从而发现未知的潜能。个性化的发展策略不仅能帮助学生在学术上取得成功，也能在情感、社交和职业方面取得平衡发展，最终成为具备多方面能力的全面发展的人才。

二、综合发展原则

（一）多元化活动

设计高校第二课堂活动时，应确保这些活动覆盖广泛的领域，包括学术研究、文化艺术、体育运动和社会服务等。这种全面的设计旨在为学生提供多样化的成长机会，使他们能够在不同的领域中获得全方位的发展。

通过覆盖这些多个领域，第二课堂活动能够满足学生的多样化需求和兴趣，帮助他们在不同的学科和活动中发掘自己的潜力。例如，学术研究活动可以包括科学实验、学术讲座和创新项目竞赛，这些活动不仅深化了学生对专业知识的理解，还培养了他们的研究能力和批判性思维。

在文化艺术方面，学校可以组织戏剧表演、音乐会、绘画比赛或文学创作工作坊等活动，这不仅能激发学生的创造力和艺术表现力，还能提升他们的审美素养和文化修养。通过这些活动，学生可以发现自己在艺术领域的兴趣和才能，进而追求更加深入的学习和创作。

体育运动是学生身心健康发展的重要组成部分。通过参加篮球、足球、游泳、田径等各种体育活动，学生不仅能增强体质，还能培养团队合作精神和竞争意识。体育活动中的竞争和合作经验将帮助学生在未来的职业生涯中更好地应对挑战和机遇。

社会服务活动，如志愿服务、社区援助和环境保护项目，能够培养学生的社会责任感和公民意识。这类活动鼓励学生走出校园，积极参与社会实践，通过为社会做出贡献而获得成就感和满足感。这种实践经验不仅丰富了学生的个人履历，还帮助他们建立起与他人合作和沟通的能力。

通过设计涵盖多个领域的第二课堂活动，学校可以为学生提供一个全面发展的平台，支持他们在学术、艺术、体育和社会服务等方面发现自己的兴趣和才能。这种多元化的活动体系，不仅促进了学生的个人成长，还为他们未来的职业和生活提供了更加广阔的发展空间。

（二）协同发展

第二课堂活动与常规课堂教学的有机结合是高校教育质量提升的重要策略。这种协同发展模式确保了教育的连贯性和系统性，使得学生在理论学习和实际应用之间能够无缝对接，从而加深对知识的理解并提升实践能力。

例如，如果学生在生物学课上学习了 DNA 复制的基本原理，他们可以在第二课堂活动中参与到真实的基因编辑项目中去，亲自操作并见证理论知识的实际应用。这种直接的实践机会使得抽象理论具体化，增强了学生的学习动机和科研兴趣。

另一种实施协同发展的方法是通过跨学科项目，例如，结合计算机科学和生物学的生物信息学项目。这类项目不仅提供了将不同学科知识综合应用的平台，而且培养了学生的系统思维和创新能力。

学校可以设计特定的课程，如"应用项目类课程"或"实验室课程"，在这些课程中，学生必须完成与理论学习内容直接相关的实际任务或实验。这种设计帮助学生理解理论知识的实际意义和应用场景，同时也培养了他们解决实际问题的能力。

引入行业专家参与课程设计和项目指导，可以使第二课堂活动更加贴近实际工作需求和最新行业动态。同时，教师的参与确保了教学内容的学术性和深度，这种教育工作者与行业专家的合作可以极大地丰富学生的学习体验。

通过将第二课堂活动与常规课堂教学协同发展，学生可以更全面地掌握知识，更有效地进行个人职业规划。这种教育模式不仅加强了学生的学术基础，也优化了他们的职业技能，使他们能够更好地适应未来的学术挑战和职业需求。此外，这种综合教育模式还有助于激发学生的创新精神和批判性思维，为他们未来的研究工作或创业活动打下坚实的基础。

（三）全程指导

提供全程指导是确保第二课堂活动有效性的关键因素。这种全方位的支持体系能够确保学生在整个活动过程中不仅能学到实际知识，还能在遇到挑战时获得必要的帮助，促进其全面发展和持续成长。

在活动的设计阶段，教师或专业人员应参与讨论和规划，确保活动内容既符合教学目标，也适应学生的兴趣和发展需求。专家的参与可以帮助设计更具挑战性和教育价值的活动，同时确保安全和可行性。例如，科学实验活动的设计需要专业教师确保实验的科学性和安全性，文艺活动的设计则可能需要艺术指导来确保艺术表现的专业性。

在活动实施过程中，教师或指导员的角色是至关重要的。他们不仅需要提供技术指导，更要在活动中发挥监督和引导作用，确保学生能够按照计划进行，并在遇到困难时及时给予支持和解决方案。例如，在体育比赛中，教练需要实时调整策略并指导学生如何应对比赛中的各种情况；在学术项目中，教师的任务是引导学生正确使用研究方法和工具。

活动结束后的评价同样重要，它不仅是对学生表现的反馈，也是对活动效果的检验。教师和专业人员在此阶段应提供详细的反馈，帮助学生识别自己的强项和改进点。此外，评价结果应被用来调整未来活动的设计，以不断提高教学质量和满足学生需求。

这种全程指导模式可以极大地增强学生的学习体验，使他们在活动中不仅能获得知识技能的提升，还能在解决实际问题的过程中增强自信和自我效能感。全程指导也有助于构建一个支持性的学习环境，促进学生的情感发展和社交技能。通过这样的指导，学生能够感受到教育的连贯性和深度，从而更好地准备面对未来的学术挑战和职业发展。

三、创新与实践原则

（一）鼓励创新

在高校教育中，第二课堂活动提供了一个极佳的平台，不仅为学生提供了展示创新和创造性思维的机会，还鼓励他们将这些创新思维应用于实际项目中。为了最大化这种潜力，高校应该积极推动和支持各种能激发学生创新精神的活动。

高校可以定期举办创新大赛或挑战活动，如编程马拉松、设计思维挑战赛、可持续发展解决方案竞赛等。这些活动鼓励学生利用自己的专业知识，解决现实世界中的问题。通过这种方式，学生不仅可以实践和增强他们的技术和创新能力，还能学习如何在团队中协作，共同开发解决方案。

另一种激发学生创造力的方法是组织发明展览或科技展。这些活动可以展示学生的创新项目和原型，允许他们展示在新产品开发、技术创新或艺术创作等方面的才能。展览不仅为学生提供了一个展示和批评的平台，也让他们能够接收来自同行和专业人士的反馈，这对于他们的项目改进和个人成长至关重要。

高校还可以举办创意工作坊、创新讲座和研讨会，邀请行业领袖和创新者来校分享他们的经验和知识。这些活动不仅提供了学习和启发的机会，还能帮助学生建立起与行业之间的联系，了解当前市场和技术的最新发展。

这种对创新的重视可以显著提高学生的参与度和学习动力。通过将理论知识与实践应用结合，学生能够更深入地理解学科内容，并增强其解决复杂问题的能力。此外，参与创新活动可以增强学生的自信心和自我效能感，为他们将来的职业生涯或创业提供坚实的基础。

综上所述，第二课堂活动中鼓励创新的措施不仅能够提升学生的创造力和创新意识，还能够培养他们的实际操作能力和团队协作精神，从而全面提升其在未来社会中的竞争力。

（二）注重实践

在第二课堂活动中注重实践是至关重要的，因为这不仅强化了学生的动手能力，也极大地提高了他们的职业技能，为未来的工作生涯做好准备。

高校可以与本地企业和组织合作，提供学生参与的实习机会。这些实习不仅使学生能够获得与其学术背景相关的实际工作经验，还可以让他们了解行业内的工作流程和职业要求。通过这种方式，学生可以在真实的工作环境中应用他们在课堂上学到的理论知识，增强职业相关的技能，如团队协作、时间管理和专业沟通。

开展针对特定技能的实训活动，如工程项目的原型制作、商业模拟等。这些活动设计为模拟真实世界的挑战，要求学生应用他们的知识和技术解决实际问题。例如，工程学学生可能参与到机器人的设计和组装中，而商学院学生则可能参与到模拟的市场营销活动中。

鼓励学生参与项目研究，特别是跨学科的项目，可以帮助他们发展研究和分析技能。这些项目通常涉及复杂的问题解决，需要学生进行广泛的研究和创新解决方案的提出。通过这种方式，学生不仅能深化专业知识，还能学习如何在团队中合作，以及如何在项目管理和结果呈现上表现专业。

这些实践活动对学生来说是宝贵的学习经历，使他们能够更好地了解自己未来希望进入的行业，同时也能够在竞争激烈的就业市场中脱颖而出。实习和实训提供了一个平台，让学生可以将课堂学习与实际工作相结合，增强其职业准备度。此外，这些活动还有助于培养学生的自我驱动能力，让他们在学习过程中更加主动和自信。

通过这些具体的实践活动，第二课堂成为学生发展必要职业技能的关键场所，确保他们能够在未来的职业道路上取得成功。

（三）问题导向

第二课堂活动中的问题导向学习是一个极其重要的教育策略，它旨在将学生置于真实或模拟的挑战情境中，激励他们主动识别问题、分析问题并寻找解决方案。这种教学方法不仅培养学生的批判性思维和问题解决能力，还强化了他们的创新能力和适应性，为未来的职业生涯或进一步的学术研究打下坚实基础。

高校可以与行业合作，引入实际的业界问题供学生解决。这些问题可以来自合作企业的实际需求，如产品开发、市场策略或运营优化等。通过解决这些真实问题，学生不仅能够将理论知识应用于实际情境，还能学习如何在专业领域内进行有效沟通和协作。

教师可以选用相关行业的典型案例，组织学生进行小组讨论和案例分析。这些案例应涵盖从问题识别到解决方案的全过程，鼓励学生深入探讨问题背后的原因，评估不同的解决方案，并提出自己的创新思路。此类活动能够有效提升学生的分析能力和创新思维。

组织以问题解决为中心的竞赛，如黑客松、设计马拉松等，这些活动通过竞争的方式激发学生的积极性和创造性。学生需要在限定时间内团队合作，针对给定或自选的问题开发解决方案，这种压力环境能极大地提升他们的快速反应能力和团队协作技巧。

通过问题导向的第二课堂活动，学生能够在解决问题的过程中发现自己的潜能和兴趣，增强面对复杂情况的适应能力和创新能力。此外，这种学习方式也帮助学生建立起实际操作和理论知识之间的联系，提升他们的职业技能和生活技能，使他们更好地为未来的挑战做准备。这种教育模式的实施，最终能够促进学生成为能够独立思考和创新解决问题的人才。

通过这些原则的贯彻实施，高校的第二课堂活动将更有效地促进学生的全面和个性化发展，为他们未来的学术和职业生涯打下坚实的基础。

第三节　改革的具体策略

一、课程设计与内容优化

高校第二课堂的课程设计和内容优化是确保教育活动与学生需求和社会发展保持同步的关键。

（一）模块化设计：

将第二课堂活动设计成模块化课程的方法，有效地增加了教学内容的灵活性和适应性，使得更新和调整课程变得更加方便。此外，这种设计也极大地方便了学生，让他们能够根据自己的兴趣和未来职业规划自由选择所需的模块参与。

1. 模块的定义与设计：

首先，高校需要定义各种模块的学习目标和内容。每个模块应当围绕一个核心主题或技能，如创业基础模块可能包括市场分析、商业计划书编写、投资策略等课题。科技创新模块可能涵盖最新科技趋势、基础编程技能、产品原型开发等。艺术表达模块则可以包括绘画、雕塑、现代媒体艺术等不同方向。

2. 活动与项目的整合：

每个模块内部可以包含讲座、研讨会、实践项目和小组讨论等多种活动形式，确保学生可以从理论学习到实践应用的全面发展。例如，在科技创新模块中，除了理论课程，还可以组织学生参与科技竞赛或进行科研项目，实际操作中解决实际问题。

3. 模块的更新与迭代：

为保持教育内容的前瞻性和相关性，每个模块需要定期进行评估和更新。利用学生和教师的反馈，以及行业发展趋势，定期调整和改进模块内容。例如，随着市场需求的变化，创业基础模块可能需要加入更多关于数字营销和网络商业的内容。

4. 学生选择与引导：

虽然学生可以自主选择模块，但学校也应提供必要的职业规划和学习指导，帮助学生根据自己的能力和职业目标做出明智的选择。通过职业咨询服务，学生可以更清楚地了解各模块如何与他们的职业愿景相匹配。

通过模块化设计，第二课堂活动不仅能够提供更加个性化和目标导向的学习体验，还能增强学生的学习动力和参与度，使他们能够在多个领域获得均衡和全面的发展。

（二）跨学科融合

为了推动学生能力的全面发展，我们将积极推进跨学科的第二课堂活动。通过这些活动的设计，我们希望能够打破传统学科之间的界限，让不同专业背景的学生有机会合作，共同完成项目，从而实现知识和技能的互补。这种跨学科合作不仅能够促进学生从不同视角思考问题，而且还能增强他们解决复杂问题的能力。

例如，可以组织计算机科学与艺术设计专业的学生共同开发一个数字媒体项目。在这样的项目中，计算机科学学生可以负责编程和技术实现，而艺术设计学生则负责视觉效果和用户界面设计。通过这种合作，学生不仅能学到对方的专业知识，还能了解如何将技术与艺术结合，创造出创新且实用的产品。

另一个例子是工程学院和商学院的学生可以合作开展一个关于可持续发展的项目。工程学学生可以设计和实现技术解决方案，而商学院的学生则可以负责市场分析、商业模式的构建和项目的财务管理。这种跨学科的合作能够使学生们在实际操作中体验理论知识的应用，同时也能够学习如何在团队中发挥各自的长处，共同推动项目的成功。

通过这些具体的项目实例，我们希望能够激发学生的创造力和团队合作精神，使他们在未来的职业生涯中能够更好地适应不断变化的工作环境和跨学科的工作需求。这种跨学科融合的教学模式，将是我们培养未来领导者和创新者的关键策略。

（三）实时更新

在教育的不断进步和行业需求的快速变化背景下，高校必须确保第二课堂的活动内容保持现代化和相关性。为此，学校应定期评估并更新这些活动，以反映最新的行业趋势和技术进展。通过这种实时更新，我们可以为学生提供与未来职业紧密相关的学习资源和技能训练。

实现这一目标的关键在于建立一个有效的反馈机制，通过定期收集来自学生和行业专家的反馈。学生反馈可以帮助教师了解课程的接受程度和实际效用，而行业专家的意见则能确保课程内容与职业实践保持一致。此外，与行业的紧密联系还可以帮助高校把握行业发展动态，及时将最新的技术、工具和理论融入到教学中。

例如，如果最新的行业分析显示数据科学和人工智能在多个领域的应用日益增多，学校可以相应地增设相关的研讨会或项目，让学生有机会直接接触这些前沿技术。同样，如果市场调查表明软技能如团队合作和领导力越来越被重视，那么相关的培训模块也应被纳入课程中。

通过这样的持续更新和调整，高校不仅能够提供一个充满挑战和创新的学习环境，还能确保学生的技能和知识在毕业时能够满足或超过当下职场的要求。这种以市场和技术发展为导向的教学策略，将极大地增强学生的就业竞争力和职业适应性。

二、教学方法与模式创新

（一）体验式学习

为了提高教学的实效性和吸引学生的学习兴趣，采用体验式学习方法成为现代教育中的一项重要策略。这种学习方法通过实地考察、实验室实践或模拟环境中的角色扮演等活动，让学生在真实或接近真实的情境中亲自操作和体验，从而深化对知识的理解和应用。

体验式学习强调"学以致用"，通过实际操作来强化理论知识的学习。例如，在生物科学课程中，学生可以直接在实验室中进行实验，亲手操作实验设备，观察实验结果，这不仅加深了他们对科学理论的理解，还激发了探索未知的兴趣。在商业课程中，学生可以通过模拟公司的经营来学习市场策略和管理技巧，这种模拟训练帮助学生在实际工作中更好地应用所学知识。

此外，体验式学习也极大地增强了课程的趣味性和互动性。通过角色扮演和团队协作的活动，学生不仅能学到专业知识，还能在过程中培养沟通协调能力和团队合作精神。例如，在环境科学课程中，学生可能需要扮演不同的社会角色，通过模拟会议讨论如何解决环境问题，这种互动让学生在体验中学习到解决复杂问题的多角度思考方式。

将体验式学习融入课程设计不仅可以提高学生的学习动力，还能有效地提升他们的综合能力，使他们在未来的学术或职业生涯中更加自信和竞争力强。通过这种教学方法，学校可以培养出既具备扎实专业知识又能灵活应用的优秀毕业生。

（二）项目制学习

项目制学习是一种以学生为中心的教学方法，它鼓励学生通过参与实际项目来学习和应用所掌握的知识。这种学习方式不仅促进了学生的主动学习，还强化了他们的团队合作能力。通过设计和执行具体的项目，如市场营销计划的制定或新产品原型的开发，学生可以在实践中学习到项目管理和协同工作的重要技巧。

在项目制学习中，学生将面对实际问题，需要运用批判性思维、创造性解决问题以及决策技能来找到解决方案。例如，商学院的学生可能需要创建一个完整的市场营销计划，从市场研究到策略制定，再到营销活动的执行，整个过程要求学生综合运用所学的市场分析、消费者行为理论及广告策略等知识。

同样，工程专业的学生可能会参与到一个新产品的原型开发中，这要求他们应用工程原理和设计知识，同时考虑成本效益和用户需求。在这个过程中，学生需要进行团队协作，每个成员都承担不同的职责，共同推动项目向前发展。

此外，项目制学习还为学生提供了展示其成果的机会，他们可以在课程结束时向同学和教师展示他们的项目。这不仅增加了学习的透明度，还提供了一个互相学习和评价的平台。通过这样的实践，学生不仅能够深入理解理论知识，还能获得实际操作经验，这对于他们未来的职业生涯是非常宝贵的。

总之，项目制学习通过提供实际操作的机会，使学生能在真实的工作环境中提前体验职业角色，这样的学习经历可以显著提升他们解决复杂问题的能力和团队协作的技巧，为他们将来的成功打下坚实的基础。

（三）在线与线下结合

在当今教育环境中，结合线上和线下的学习模式已成为提高教育效果的重要途径。这种混合式学习方法能够提供更加灵活和多样化的学习方式，适应不同学生的学习习惯和需求。例如，通过在线平台进行理论课程的教学，学生可以根据自己的时间安排自主学习，同时，学校还可以组织线下的研讨会、工作坊和实践活动，增加学习的互动性和实践性。

在线学习部分可以利用视频讲座、互动教学软件和虚拟模拟等技术，使学生即使不在传统的课堂环境中也能获得丰富的学习体验。这种方式特别适合于需要大量视觉和听觉资料的课程，如语言学习、历史讲解等。在线平台的灵活性也使得学生可以按照自己的学习节奏进行复习和深入探索，而且可以随时解决在学习过程中遇到的问题。

对于线下部分，学校可以安排更多与实际操作相关的活动，如实验、项目实施，或是模拟场景的角色扮演。这些活动不仅能增强学生的实际操作能力，还能促进学生之间的直接交流和合作，为他们提供社交和团队合作的机会。例如，工程专业的学生可以在实验室中进行机械装配和测试，商科学生可以通过模拟经营活动来实践市场分析和决策制定。

此外，线下的研讨会和讨论会可以帮助学生深化理解，通过与教师和同学面对面的交流，他们可以获得即时的反馈和指导。这种互动经常能激发新的思考和灵感，有助于学生形成批判性和创造性的思维方式。

综合在线和线下的学习资源，不仅使学习过程更具灵活性和互动性，还能满足不同学生的个性化学习需求。这种教学模式的实施，可以极大地提高学生的学习效率和质量，为他们的全面发展提供更加坚实的基础。

三、师资培训与团队建设

（一）教师培训

为了更有效地支持和提升教师在指导第二课堂活动中的能力，定期举办教师培训是至关重要的。这种培训不仅聚焦于传统的教学技能，还包括最新的教育技术、创新的教学方法以及学生心理辅导技巧，从而全面提升教师的专业能力和教学质量。

教师培训的内容应当覆盖多个方面。首先，教师可以学习如何有效利用数字工具和平台来丰富教学内容和提高教学互动性。例如，培训可以介绍如何使用在线协作工具、虚拟现实（VR）和增强现实（AR）技术来创建沉浸式学习经验，这些技术可以使第二课堂活动更加生动和吸引人。

其次，创新教学方法的培训可以帮助教师开发和实施更有效的教学策略，如项目式学习、翻转课堂和基于探究的学习等。这些方法鼓励学生主动探索和参与，能够显著提高学生的参与度和学习成效。

再者，考虑到学生的心理健康对学习成效有直接影响，教师培训还应包括学生心理辅导的技巧。教师需要了解如何识别学生可能面临的心理压力，学习应对策略，并提供必要的支持和引导。这不仅有助于建立一个支持性的学习环境，还能促进学生的整体福祉。

此外，定期的培训可以提供一个平台，让教师们分享经验、讨论挑战并共同寻找解决方案，从而形成一个持续学习和相互支持的专业社群。通过这样的互动，教师不仅能够更新自己的教学方法，还能不断地从实践中学习和成长。

总之，通过这些综合性的培训项目，学校可以确保其教师队伍不断适应教育领域的快速变化，有效地引导和激励学生，使第二课堂活动成为学生学习旅程中一个充满活力和创造力的部分。

（二）专家引入

为了进一步丰富第二课堂活动的内容并提高其实践性和现实 relevance，引入行业专家和企业家至关重要。通过邀请这些专业人士参与，学生不仅能从他们的实际经验中学习，还能直接接触到行业的最新动态和前沿技术。

这些行业专家可以以多种形式参与教学和指导。作为项目导师，他们可以直接参与到学生的项目设计和实施过程中，提供专业的指导和反馈。这种一对一或小组形式的指导对学生理解复杂的行业问题、学习专业技能及应用理论知识至关重要。专家的实际经验能帮助学生识别并解决在理论学习中不易觉察的实际问题，使学生的项目更贴近实际，更具创新性和应用价值。

同时，这些专家也可以作为客座讲师，通过讲座和研讨会的形式，向学生传授最新的行业知识和技术趋势。例如，在技术快速发展的领域，如人工智能、可持续能源或数字营销等，行业专家能提供即时更新的知识，这对学生了解行业发展和未来职业规划极为重要。

此外，与行业专家的互动不仅限于传授知识，更包括激发学生的职业兴趣和创业精神。企业家可以分享他们的创业经历，讨论市场趋势，解析成功和失败的案例，这些都极大地激励学生思考如何将学到的知识转化为实际应用。学生通过与这些成功人士的交流，能够增强自身的职业发展视角和市场应变能力。

综合来看，通过专家引入，第二课堂活动不仅提供了学术学习的平台，更成为学生职业发展和网络建设的重要场所。这种直接与行业领袖接触的机会，无疑会大大提升学生的学习动力和未来的职业准备。

（三）学生团队建设

为了进一步促进学生的全面发展，鼓励学生自发组织和管理第二课堂活动是一个有效的策略。通过这种方式，学生不仅能获得实际的组织管理经验，还能在实践中培养自己的领导力和团队合作能力。

首先，当学生参与到第二课堂活动的策划和执行中，他们需要学习如何设定目标、规划活动流程、协调资源以及管理时间，这些都是领导力的重要组成部分。在这个过程中，学生们将面对各种挑战，如如何有效解决团队内部的意见分歧，如何调动团队成员的积极性等。这些经历将大大提升他们的问题解决能力和领导技巧。

此外，团队合作是任何组织成功的关键。通过自发组织第二课堂活动，学生们需要学会如何与不同背景和专长的队友合作，发挥团队的集体智慧。这不仅增强了他们的沟通技巧，还培养了相互尊重和支持的团队文化。

这种自主管理的学习模式还有助于形成一种积极主动的学习文化。当学生们在没有老师直接监督的情况下自行组织活动时，他们更倾向于展示出更高的主动性和创造力，同时也能在活动中发现并培养自己的兴趣和潜能。这样的经历不仅加强了学生的自我管理能力，还激励他们在学习和生活中采取更加积极的态度。

综上所述，通过学生自发组织和管理第二课堂活动，不仅能够锻炼和提升他们的领导力和团队协作能力，还能够帮助他们建立起一种积极主动、自我驱动的学习和工作态度，为他们未来的职业生涯和个人发展奠定坚实的基础。通过明确改革的必要性与目标，遵循学生中心、综合发展和创新实践的基本原则，并采取切实可行的具体策略，高校第二课堂教学改革将能够有效提升学生的综合素质和实践能力，满足社会对高素质人才的需求。

第五章 第二课堂教学模式的创新

第一节 项目制学习

一、定义与特点

项目制学习（Project-Based Learning，PBL）是一种以项目为中心的教育方法，旨在通过参与具体项目的规划、执行和评估过程，实现学习目标的达成和个人能力的提升。这种学习方式注重于通过实际操作来深化学生的知识和技能，而非仅仅通过传统的课堂讲授。

（一）定义

项目制学习（Project-Based Learning，PBL）是一种教育方法，其中学生在教师的引导和支持下，通过设计、执行和评估实际项目来深入探索复杂的、现实世界中的问题或挑战。这种学习方式突出实践操作与理论知识的融合，强调学生的主动参与和探索，从而使学习过程更加生动和具有针对性。

在项目制学习中，教师不再是传统意义上的知识传授者，而是成为学生学习的促进者和支持者。学生则转变为知识的积极探索者和应用者，他们需要在教师的帮助下设定学习目标，规划项目路线，搜集并分析数据，以及最终评估项目成果。这一过程不仅要求学生应用所学的专业知识，还要求他们运用批判性思维，解决问题的技巧，以及创新能力来解决项目中遇到的实际问题。

此外，项目制学习的核心在于通过处理和解决真实世界的问题来提升学生的学习动力和成效。学生在实际操作中不仅能更深刻地理解理论知识的应用，还能通过这一过程获得宝贵的实践经验，这种经验在今后的学术或职业生涯中将极为重要。通过与现实世界问题的直接交互，学生能够看到自己学习的直接成果和社会价值，从而增强学习的目的性和积极性。

（二）特点

1. 实践性强

项目制学习特别强调通过动手实践的方法来深化学生的学习体验。在这种学习模式下，学生不仅是理论的学习者，更是项目的直接参与者。他们需要亲自参与项目的各个阶段：从设计思路的构思、具体计划的制定，到项目的执行和后期的评估与反思。这种全方位的参与确保了学生能在真实或高度模拟的环境中，将课堂上学到的理论知识应用到实际操作中，进行实时的测试和调整。

在项目的执行过程中，学生将面对一系列预期内外的挑战和问题，这些是书本上无法完全预料到的。解决这些实际问题的过程，不仅锻炼了学生的应急反应能力和创新思维，还极大地提高了他们的问题解决能力。此外，这种实践中的学习使学生能够更深层次地理解和掌握学科知识，因为他们需要在实际中不断测试和调整理论，以适应实际情况的需要。

更重要的是，项目制学习通过这种实践操作，将学生从传统的被动接受知识的角色转变为主动探索和创造知识的角色。这种转变不仅提升了学习的主动性和积极性，还让学习过程变得更加动态和互动，极大地增强了学习的吸引力和效果。学生在这样的学习模式下更容易培养出对学习的热情和持续的兴趣，为终身学习的态度打下坚实的基础。

2. 学生为中心

在项目制学习中，学生的角色和责任显著不同于传统教育模式。这种方法把学生置于学习过程的中心位置，让他们成为项目的主导者和实施者。学生需要负责整个项目的策划，包括设定具体的学习目标、制定详细的时间表、实施计划，并最终对项目成果进行评估。这要求学生不仅要在知识应用上展示能力，还要在项目管理和时间管理等多方面技能上独立作出决策和执行。

教师在这种教学模式中扮演的是顾问和引导者的角色。他们不再是知识的单向传递者，而是成为学生学习过程中的支持者和促进者。教师需要为学生提供必要的资源、工具和指导，帮助他们在遇到困难时找到解决问题的方法，确保学生可以顺利推进项目。然而，教师的介入是有限的，主要目的是让学生在探索和学习过程中保持主导权。

这种以学生为中心的学习模式极大地提升了学生的自主性和责任感。学生通过实际掌控项目的每一个环节，从中学习如何自主管理、如何协调团队内部的工作，以及如何对成果进行自我评估和反思。这不仅增强了他们的学习动力，也提高了他们的批判性思维和解决问题的能力。学生因为能够直接看到自己的努力对项目结果的影响，从而更加积极地参与到学习过程中，体验到学习的意义和乐趣。

通过这样的教学安排，学生可以在一个支持性的环境中发展独立和创造性思维的技能，这些技能在未来的学术和职业生涯中将是极其宝贵的资产。同时，这种教育模式也培养了学生对自己学习过程的所有权，激发了他们对继续教育和个人发展的长远兴趣。

3. 团队合作

项目制学习强调团队合作的重要性，这不仅是因为许多项目在实际工作环境中就是团队完成的，也是因为团队合作本身就是一种重要的学习和成长过程。在这种学习模式中，学生被组织在多样化的团队中，每个成员都有自己独特的技能和背景，他们必须学会如何将各自的长处结合起来，共同推动项目向前发展。

在团队合作过程中，学生需要进行有效的分工和协作。这通常涉及到明确的角色分配，每个成员都有特定的责任和任务。通过这样的结构化合作，学生能够在实际环境中练习项目管理和团队领导技能，这包括了解如何激励团队成员、如何调解内部矛盾以及如何确保项目按时完成。

更重要的是，团队合作过程中的沟通和冲突解决技能尤为关键。学生在与来自不同学术背景和文化的同学合作时，将学习如何有效地交流自己的想法，听取并尊重他人的观点，并找到折衷的解决方案。这不仅仅是技能的培养，更是对未来职场环境的一种适应训练，因为现代工作场所越来越侧重于团队精神和多元化。

通过团队合作，学生还能够体验到集体成就的喜悦。当一个项目从概念阶段通过团队的共同努力逐渐变为现实时，每个成员都会感受到自己的贡献对于整个项目成功的重要性。这种经历不仅提升了团队的凝聚力，还增强了学生的自信心和责任感，促使他们在未来的学习和职业道路上继续寻求合作和团队参与的机会。

3. 综合性学习

项目制学习的一个核心特点是其强调跨学科知识的整合与应用。这种教育模式不仅要求学生运用他们在特定学科中学到的知识，而且需要他们将来自不同学科的概念和技能相结合，以解决更为复杂和多维的实际问题。通过这样的综合性学习，学生能够跨越学科界限，实现知识的全面融合与创新应用。

在项目制学习中，学生面对的挑战通常不是单一学科可以解决的，而是需要综合运用多个领域的理论和实践知识。例如，一个关于可持续城市发展的项目可能会涉及环境科学、工程学、社会学和经济学的知识。学生必须理解这些学科之间的联系，如何共同作用来设计出可行的解决方案。这种过程不仅促进了他们对各学科知识的深入理解，也激发了创新思维的发展，学生学会了如何在不同的知识体系之间寻找和创造联系。

此外，综合性学习还显著地推动了批判性思维的发展。学生需要评估不同学科观点的有效性，并决定如何将这些观点整合在一起以解决复杂问题。这种批判性分析能力是学术研究和职业生涯中不可或缺的技能，它要求学生不仅理解单个学科内的内容，而且能够跨学科地思考和分析问题。

通过项目制学习，学生不仅能看到他们学习的知识如何在现实世界中得到应用，还能够实际参与到这些应用中去。这种经验极大地增强了学习的相关性和动机，使学生更加投入到学习过程中，因为他们可以直观地看到学习成果的直接影响。综合性学习通过这样的方式，不仅增加了学生对学科知识的掌握，更培养了他们将来成为能跨学科工作的复合型人才的潜力。

这些特点共同构成了项目制学习的核心，使其成为一种高度有效且受欢迎的现代教学方法。通过这种模式，学生能够在真实世界的情境中学习和成长，为将来的职业生涯和个人发展打下坚实的基础。

二、实施策略

（一）项目选题

选择合适的项目主题对于项目制学习的成功至关重要。一个好的项目不仅需要具有现实意义，挑战性强，还应该能够激发学生的兴趣和学习动力。为了最大程度地发挥项目制学习的效果，项目主题应该与学生所学的学科知识相匹配，并与他们未来的职业方向相一致，这样学生才能在参与过程中看到学习的实际应用与职业发展的直接联系。

此外，项目的选择还应具有一定的开放性，允许学生在解决问题的过程中有足够的空间来探索未知和运用创新思维。开放性的项目主题可以促使学生跳出传统框架，进行创新设计和解决方案的提出，这样不仅能增强学生的解决问题能力，还能激发他们的创造力。

例如，如果选题是环境保护，学生可以探索如何通过新技术或改良的方法减少工业污染或提高能源效率。对于社会企业创新项目，学生可以研究如何设计一个既可持续又具有社会影响力的商业模式。在技术开发的项目中，学生可以尝试开发新的应用程序或设备来解决特定的社会或技术问题。

通过这些具有实际意义和挑战性的项目，学生不仅能够应用和扩展他们在课堂上学到的理论知识，还能在实际操作中学习到项目管理、团队协作和创新解决方案的开发等多方面的技能。这种学习方式极大地增加了学习的实效性和趣味性，为学生未来的职业生涯和终身学习奠定了坚实的基础。

（二）团队组建

有效的团队组建是项目制学习成功的另一个关键因素。为了最大化团队的潜力和项目的成效，组建团队时需要综合考虑学生的兴趣、专业能力以及个人背景。这种综合考量可以确保团队成员之间的多样性和互补性，从而增强团队解决复杂问题的能力。

首先，团队的多样性是创新的重要来源。一个多元化的团队能够汇集不同的视角和方法，这对于开发创新的解决方案至关重要。多样性不仅体现在学术背景的不同，还包括团队成员的思维方式、解决问题的策略以及文化背景。例如，一个结合了工程学、商业学和设计学学生的团队可能会在产品开发项目中表现出更高的创造力，因为他们能从不同的角度审视问题，提出更全面的解决方案。

其次，团队的互补性同样重要。每个团队成员应该有机会发挥其独特的技能和知识，以增强团队的整体能力。在组建团队时，应该考虑到如何通过各成员的专业技能和个人特长来平衡团队的能力。例如，一些成员可能擅长数据分析，而其他人可能在创意思维或项目管理方面表现出色。通过合理的任务分配，确保每个成员都能在他们最擅长的领域内贡献力量，可以极大地提升团队效率和项目成功率。

最后，为了维持团队的协调和效率，团队组建还应考虑成员之间的性格和工作风格的兼容性。团队成员需要能够有效地沟通和协作，处理内部冲突，共同推动项目向前发展。通过组建一个在专业技能、思维方式和文化背景上互补的团队，可以创建一个富有创造力、能够有效解决问题并且协作紧密的学习环境。

通过这样精心设计的团队组建策略，不仅能够确保团队能够应对各种挑战，还能促进成员之间的学习和个人成长，最终达到提高项目成效和培养学生综合能力的目的。

（三）任务分配

在项目制学习中，合理的任务分配对于确保项目的成功和促进学生的个人发展至关重要。在项目开始阶段，清晰地界定每个学生的角色和责任，不仅有助于项目的有序进行，还能确保每位参与者都能在实践中获得宝贵的学习经验。

首先，任务分配应充分考虑每位学生的兴趣和专长，使他们能够在自己擅长或感兴趣的领域中发挥最大的潜能。这种基于兴趣和能力的个性化任务分配策略可以提高学生的参与度和动力，使他们更加投入到项目中。例如，对于具有强烈艺术设计兴趣的学生，可以安排他们负责项目的视觉设计部分；而那些对技术分析有热情的学生，则可以承担数据分析或编程任务。

其次，任务的挑战性和教育价值也是分配时必须考虑的重要因素。项目任务应具有一定的难度，能够推动学生跳出舒适区，挑战自我，通过解决复杂问题来提升自身的技能和知识水平。同时，这些任务还应该具有实际的教育意义，使学生能够在完成任务的过程中学习到新的技术、理论或工作方法。

此外，有效的任务分配还需要考虑团队的整体协调和合作。每个成员分配的任务不仅应与个人能力相匹配，还应当彼此之间存在逻辑联系和相互支持的可能性。这样的安排可以增强团队协作，促使成员之间进行有效沟通和资源共享，从而提高团队整体的工作效率和项目成果的质量。

最后，定期评估和调整任务分配是确保每位学生都能从项目中获得最大收益的关键。项目导师应监控学生在项目中的表现和进展，必要时进行调整，以确保每位学生都能在项目中找到学习和成长的机会。

通过精心的任务分配，项目不仅能够顺利推进，学生也能在实际操作中不断学习和成长，最终达到教育的目的。这种实践经验对学生未来的学术发展和职业生涯都将产生深远的影响。

（四）指导与支持

在项目制学习中，教师的角色转变为项目导师和顾问，这要求教师不仅提供知识的传授，更重要的是提供必要的指导和支持，帮助学生顺利完成项目。教师的支持对于学生理解复杂概念、解决实践中的难题及发展独立思考和创新能力至关重要。

首先，教师需要帮助学生理解与项目相关的复杂概念和理论。通过解释和讨论，教师可以确保学生不仅仅是表面上理解这些概念，而是能够深入地掌握并应用于实际问题解决中。例如，在一个涉及可持续发展的项目中，教师可以通过案例研究、模拟实验等方法，帮助学生理解环境政策、经济影响和技术创新之间的关系。

其次，教师应在学生遇到操作难题时提供实际的帮助。这包括但不限于提供必要的技术指导、资源链接和工具支持。在学生进行数据分析、软件操作或实验设计时，及时的技术支持和建议可以大大提高学生的工作效率，减少因技术问题导致的挫败感。

此外，教师还应鼓励学生进行独立思考和创新。在项目进行过程中，教师可以通过提出挑战性的问题，激励学生跳出传统思维框架，探索新的解决方案。同时，教师也应培养学生的批判性思维能力，让他们学会如何评估不同的观点和方法，以及如何基于证据作出决策。

最后，面对挑战和挫折时，教师的心理和情感支持同样重要。教师应为学生提供一个鼓励和支持的环境，帮助他们建立自信，鼓励他们在面对困难时不放弃。通过建设性的反馈和积极的激励，教师可以帮助学生克服困难，持续进步。

总之，教师在项目制学习中的指导与支持是多方面的，涵盖知识、技术、创新及情感等多个层面。通过这样全面的支持，学生能够在项目中获得成功的经验，为其未来的学术生涯和职业发展打下坚实的基础。

（五）过程评估

在项目制学习中，进行持续的过程评估是关键环节，它确保了项目的质量和实效性，同时帮助学生和教师对学习和进展进行即时的监控和调整。过程评估不仅涉及项目的各个阶段，也包括学生的参与度、合作效果以及学习成果。

首先，定期检查项目的进展对于维持项目的时间表和质量标准至关重要。这包括评估项目是否按计划进行，各项任务是否得到妥善完成，以及是否达到预期的阶段性目标。定期的进度回顾可以帮助团队识别并解决在执行过程中出现的问题，从而避免在项目后期出现无法挽回的错误。

其次，及时提供反馈是过程评估的一个核心组成部分。这种反馈应具体、建设性且及时，旨在指导学生如何改进工作，提高效率和质量。例如，教师可以在团队会议中提出改进建议，或在学生提交的报告上给予详细的评论，这些都是促进学生学习和项目进展的有效方式。

此外，根据实际情况调整项目计划也是过程评估的重要方面。这可能包括重新分配资源，调整时间线，甚至是修改项目目标以适应新的情况。这种灵活性不仅对于处理突发事件至关重要，也能帮助学生学习如何在变化的环境中保持项目的稳定性和动态调整策略。

过程评估还能帮助学生及时了解自己的学习状态和个人成长。通过反思自己在项目中的角色和贡献，学生可以更好地认识到自己的强项和改进需要的领域。这种自我评估是个人发展的重要部分，也是教育过程中的一个关键学习目标。

最后，教师通过过程评估可以有效地监控整个项目的质量和学生的参与度。这不仅有助于提高项目的整体表现，也确保每位学生都能从项目中获得最大的学习收益。

总之，过程评估是项目制学习中不可或缺的一环，它通过持续监控、及时反馈和必要的调整，保障了项目的成功和学生学习的最优化。这种评估机制确保每个项目不仅能够达成其学术和教育目标，还能为学生未来的教育和职业道路提供坚实的基础。

（六）成果展示

项目结束时的成果展示和汇报会是项目制学习过程中的一个重要环节。这个阶段不仅是学生展示他们努力成果的机会，也是一个深化学习、反思进步和规划未来的关键时刻。

首先，成果展示允许学生将他们在项目过程中的工作向更广泛的观众展示出来，这通常包括同学、教师、学校管理层乃至行业专家。在这种公开的场合中展示他们的成果，学生不仅可以增强自信心，还能够提高他们的沟通和表达能力。通过准备展示材料和汇报演讲，学生必须将复杂的项目内容浓缩成易于理解的信息，这是一个极好的学习和表达训练。

其次，通过成果展示，学生有机会对整个项目进行总结和反思。这个过程鼓励学生思考在项目中遇到的挑战、所采用的策略和解决问题的方法以及他们的成长和学习。

自我反思是学习过程中的重要部分，它帮助学生从经验中吸取教训，识别自己的强项和提升需要的领域。

此外，成果展示也是学生接收反馈的一个重要机会。同伴和教师的反馈可以提供新的视角，帮助学生看到他们可能忽视的问题点或是未充分发掘的潜力。这些反馈不仅有助于学生改进当前项目的表现，更为他们未来的学术和职业生涯提供了实际可行的改进建议。

最后，成果展示也是一个激励学生持续学习和成长的平台。通过这种形式的展示，学生能够看到自己与他人的成果对比，激发他们的竞争精神和继续进步的动力。同时，展示的过程本身就是一种公开的表达和自我推销的机会，这对学生未来在职场上的表现有着直接的积极影响。

总之，项目结束的成果展示和汇报不仅是展示学生学习成果的舞台，更是一个全面提升学生自我评价能力、接收建设性反馈并为未来学习打下坚实基础的重要过程。这些活动不仅加深了学生对所学知识的理解和应用，也强化了他们的个人和职业发展技能。

通过这些策略的实施，项目制学习不仅能够提高学生的学习效果，还能够激发他们的创新思维和团队协作能力，为他们未来的职业生涯和个人发展提供坚实的基础。

第二节　体验式学习

一、体验式学习的定义与特点

（一）定义

体验式学习（Experiential Learning）是一种创新的教育方法，它侧重于通过亲身体验与参与，以及对这些体验的深入反思，使学生能够获得实质性的知识与技能。此学习方式超越传统教室理论教学的界限，将学习场景置于真实或精心设计的模拟环境中，通过这种方法，学生不仅仅学到书本上的知识，更能学会如何将这些理论知识应用于解决现实生活中的问题。

体验式学习的核心在于其"学以致用"的教育理念，这种方式强调知识的实用性和应用性。学生在接触到与现实生活紧密相关的情境时，能够更好地理解和吸收新的信息和技能。例如，商学院的学生可能通过参与一个模拟的企业运营游戏来学习管理和经济学原理，或者法学院的学生通过模拟法庭训练来掌握法律论证的技巧。

通过这种动态的学习过程，学生被赋予了更多的自主性和选择权。他们不仅需要在活动中做出决策，还需要对自己的选择和活动结果进行反思和分析，这有助于培养学生的批判性思维和解决问题的能力。体验式学习使学生能够在实际操作中学习失败和成功的教训，从而在实践中不断优化和调整自己的知识框架和技能应用。这种学习模式不仅提高了学习的有效性，也使学习过程变得更加生动和有趣，极大地提升了学生的学习动力和参与度。

（二）体验式学习的特点

1. 真实情境

体验式学习的一个关键特征是其对真实或高度模拟环境的依赖，通过这种设置，学生的学习活动能够极大地接近实际应用，从而增强学习的实效性和深度。这种教学方法意在打破传统课堂的局限，将学生置于实际或模拟的工作场景中，让他们在面对真实世界问题时能够运用所学知识，进行实际操作和决策。

例如，在商学院中，学生可能会参与到模拟股市交易的环境中，这种模拟不仅复现了股市交易的紧张氛围，还包括了实时数据分析、风险评估和投资决策等元素。通过这种模拟环境，学生能够在没有真实金融风险的情况下，学习和应用金融理论，磨练自己的投资策略，从而更好地准备进入真实的金融市场。

同样，社会学学生通过参与社区发展项目，可以直接融入到社区的日常运作中，与社区成员互动，收集数据，参与到实际的社会工作中去。这样的体验不仅让学生们能够深入理解社会理论，还能学习如何在社会实践中应用这些理论，例如如何评估社区需求，如何规划和实施具体的社会干预措施等。

通过在真实或模拟的环境中进行学习，体验式学习使得教育过程更加贴近行业实践，增强了学生的职业技能和问题解决能力。这种接近实际应用的学习环境不仅提高了学生的学习兴趣和参与感，更重要的是，它帮助学生建立了从理论到实践的桥梁，使他们能够在未来的职业生涯中更加自信和高效地应对各种挑战。

2. 主动参与

体验式学习的核心在于激发学生的主动参与精神，将他们从传统教育模式中的被动接受者转变为积极的学习参与者。这种教学法通过各种互动和实践活动，如实验室实验、现场考察、模拟情景演练等，使学生能够直接参与到学习过程中，亲自动手操作和体验，从而加深对知识的理解和应用。

例如，生物学学生可能会在实验室中进行解剖实验，亲自观察和分析生物组织，这种直接的观察和操作可以帮助他们更好地理解生物结构和功能之间的复杂联系。工程学生可能会参与到桥梁模型的构建项目中，通过实际搭建模型来学习力学原理和材料科学，这种实践活动不仅增强了理论知识的实用性，还提高了解决实际工程问题的能力。

在心理学领域，学生可能会通过角色扮演来学习不同的心理治疗技术，如认知行为疗法或人际关系疗法。通过模拟治疗情景，学生不仅可以理解理论，还能通过实际操作感受和分析治疗过程中的动态变化，这种体验对于未来的职业实践尤为宝贵。

此外，商学院的学生可能会通过模拟公司的运营来学习管理、财务和市场营销策略。在这种模拟环境中，学生需要做出实际的业务决策，如定价、预算编制或市场分析。通过这种实际操作，学生可以更全面地理解商业环境中理论与实践的关系。

这种主动参与的学习模式不仅使学习过程更具吸引力，还有助于学生发展批判性思维和创新能力，使他们能够在未来的学术或职业生涯中独立思考和解决问题。通过这种方式，体验式学习强调知识的实际应用，确保学生能够在真实世界中有效地运用他们在课堂上学到的知识。

3. 反思与总结

在体验式学习中，活动后的反思和总结不仅是学习过程的重要组成部分，而且是加深理解和巩固知识的关键步骤。这一阶段的目的是帮助学生从实践中提炼经验，识别成功的策略和需要改进的地方，从而更全面地掌握和应用所学知识。

学生被鼓励在每次实践活动后，进行详尽的反思，这包括个人思考和集体讨论。撰写反思报告是一种常见的方法，要求学生详细记录他们在活动中的观察、感受、所遇挑战以及如何应对这些挑战。这种书面形式的反思有助于学生系统地分析自己的学习过程，提升写作能力，并为未来类似任务提供参考。

参与小组讨论也是反思过程中的一个重要环节。在小组讨论中，学生可以分享自己的体验和洞见，听取他人的看法和经验。这种互动不仅增强了学生之间的交流和协作，还促进了多角度的思考。通过集体智慧的力量，学生能够从同伴那里学习到不同的解决问题的方法和新的学习策略，这有助于拓宽他们的视野。

个人演讲也是一个有效的反思方式，尤其是在大型项目或长期活动之后。在演讲中，学生需要向同学和教师展示自己的学习成果，解释自己的学习过程，并评价所采取的策略的效果。这种方式要求学生不仅要有清晰的逻辑思维，还需要有良好的公共演讲能力，这对于学生的个人发展极为有益。

总的来说，反思和总结的过程是体验式学习中不可或缺的，它不仅帮助学生从行动中学习，更重要的是教会他们如何从经验中汲取教训，如何在未来的学习和生活中应用这些知识和技能。这一过程强调了持续学习和自我提升的重要性，是培养终身学习习惯的基石。

4. 情感投入

情感投入在体验式学习中起着至关重要的作用，能够显著增强学习的影响力和记忆深度。这种设计不仅仅让学习活动富有吸引力，而且通过引发情感反应，使学习过程更加深刻和持久。情感体验的元素被有意识地融入到学习活动中，使得学生不只是学习理论知识，更能通过感受和情感体验来加深对知识的理解。

例如，在角色扮演的学习活动中，学生不仅扮演特定的角色来学习社会科学、历史或文学中的概念，还需要进入角色的内心世界，体验角色的情绪和动机。这种深度的情感投入使学生能够从角色的视角出发，理解角色所处的社会环境和个人选择的复杂性。通过这样的方式，学生不仅能够记住事实和数据，更能理解这些信息背后的人文关系和社会动态。

此外，情感投入也常见于模拟实践活动中，如危机模拟、伦理决策情景等。在这些活动中，学生需要做出决策并面对其直接后果，这种情景的真实性引发的情感反应可以极大地增强学生的参与感和学习动机。例如，在一个环境伦理的课程中，通过模拟一个环境污染事件，学生需要扮演政府官员、企业负责人或受影响的居民，这种角色扮演活动使他们不仅学习到环境科学的知识，还能深刻感受到环境问题对社区的影响。

情感投入通过这些动态和互动的学习方式，加深了学生对学科内容的情感连接，这种连接是传统课堂学习难以达到的。通过体验学习中的情感投入，学生的学习体验变得更加全面和多维，促使他们不仅仅是学习者，更是感受者和参与者，这种教学方法有效地增强了学习效果的持久性和深度。

总体而言，体验式学习通过结合真实或模拟的情境、主动的参与、深入的反思以及情感的投入，创造了一个多维度的学习环境，这不仅促进了学生知识的吸收和应用，也极大地提高了学习的动机和效率。通过这种方法，学生能够在理解复杂概念和解决实际问题的能力上取得显著进步。

二、实施策略

（一）情境创设

在体验式学习中，创建逼真的学习环境是提高教学效果的关键步骤。这种环境设计旨在模拟真实世界的情景，使学生能够在近似真实的条件下进行操作和决策，从而加深理解并提升解决实际问题的能力。

为实现这一目标，教育者可以利用先进的技术和创新的设计思想来构建学习环境。例如，使用虚拟现实（VR）技术可以创建一个沉浸式的历史事件重现，如重现罗马帝国的政治决策过程或重大历史事件的转折点。在这样的虚拟环境中，学生不仅是学习历史的观察者，更是历史事件的参与者，他们可以扮演当时的决策者，如皇帝、将军或其他关键人物，亲身经历决策的过程并见证其对历史的影响。

此外，情境创设还可以应用于商业教育和科学研究领域。在商业课程中，教育者可以设计模拟的商业会议，让学生在模拟的公司环境中担任不同的角色，如 CEO、市场分析师或人力资源经理。通过这种模拟，学生能够实践如何在会议中进行策略讨论、决策制定和团队协作。

在科学教育领域，情境创设可以包括设计实验室实验的模拟环境，让学生在控制的条件下进行科学实验，学习数据收集、分析和报告撰写的技能。例如，生物学学生可以通过虚拟实验室探索细胞分裂过程，化学学生可以模拟化学反应来观察不同化合物的反应。

通过这些精心设计的学习环境，学生能够在安全且控制的条件下尝试和错误，学习如何在复杂的情境中应用理论知识，从而为未来在更广泛的真实世界中的应用打下坚实的基础。这种情境创设不仅增强了学习的趣味性和参与感，更重要的是，它极大地提高了学习内容的相关性和实用性。

（二）活动设计

在体验式学习中，活动设计是核心组成部分，它直接影响学习的效果和学生的参与度。设计具有教育意义的体验活动要求精心规划，以确保这些活动不仅能够激发学生的兴趣，还能有效达到预定的教学目的。

首先，活动的设计需要围绕明确的学习目标进行。每个活动都应该有清晰定义的目标，这些目标应与课程的总体教学计划相一致。例如，野外生态考察的目标可能包括了解本地生态系统的功能、识别特定的植物和动物种类，以及理解人类活动对生态系统的影响。为达到这些目标，活动的设计需要包括具体的考察路线、所需工具和设备清单以及参考材料供学生在考察前学习。

其次，活动应设计成富有趣味性和参与感，以增强学生的学习动力。例如，在科学实验中，可以让学生自行设计实验来验证课堂上学到的科学理论，而不是仅仅按照指导书进行。这样的开放式实验不仅可以提高学生的实验技能，还能激发他们的创新思维和问题解决能力。

市场调查活动则可以设计成模拟的商业研究项目，让学生在真实的市场环境中收集数据，然后分析这些数据以形成有效的市场策略。这种活动可以包括制定调查问卷、实地访问目标客户群、数据分析和报告编写等步骤。通过这些步骤，学生不仅能学习市场调查的技术和方法，还能理解数据如何支持商业决策过程。

最后，为确保活动的有效性，每种活动都应配备详细的操作指南和安全指导。操作指南应包括活动流程、所需材料、预期成果和可能遇到的问题及其解决策略。安全指导则是确保学生在进行实地考察或实验操作时能够避免潜在的风险。

通过这样详尽的活动设计，体验式学习能够更好地达到教育目的，同时提供一个既安全又充满挑战的学习环境，帮助学生在实践中获得宝贵的经验和知识。

（三）引导反思

引导反思是体验式学习中一个至关重要的环节，它帮助学生将活动中的经历与学术理论相连接，加深对知识的理解并促进个人成长。这一过程不仅加深了学生对活动主题的认识，还激发了他们的批判性思维和自我反省能力。

在每次体验式学习活动后，组织反思和讨论会是非常有价值的。这些会议提供了一个平台，让学生能够分享他们在活动中的观察、感受以及学到的课程。通过这种分享，学生可以从同伴中获得不同的视角，拓宽自己的思考，并且在交流中发现自己可能忽略的细节。

为了使反思过程更加有效，教师可以扮演引导者的角色，提出一系列精心设计的引导性问题。这些问题应该旨在帮助学生思考如何将他们的实际体验与课堂上学到的理论知识联系起来。例如，教师可以询问学生在实地考察中观察到哪些现象是与理论课程中讨论的概念相吻合的，或者在实际操作中遇到了哪些挑战，这些挑战是如何影响他们对特定理论的理解的。

此外，教师还可以引导学生反思他们的情感反应及其对学习过程的影响。情感反应往往能提供深刻的洞见，帮助学生理解某些概念为何对他们来说特别重要，或者为何某些问题特别有挑战性。通过讨论这些问题，学生可以更好地理解自己的学习方式和偏好，从而在未来的学习中更有效地调整自己的学习策略。

最后，引导反思也应该包括对整个活动的评价，让学生评估哪些方面是有效的，哪些方面需要改进。这不仅让学生练习评估和批判性思维的技能，也为教师提供反馈，帮助他们在未来的教学设计中做出调整。

通过系统的反思和讨论，学生能够从体验式学习中得到更全面的教育效果，不仅学习到知识，更加深了对自身学习过程的理解和掌控。

（四）反馈与改进

有效的反馈机制是体验式学习成功的关键组成部分，它能够显著提高学习效率和成效。通过建立结构化的反馈系统，学生可以获得对自己学习成果和表现的批判性分析，从而促进个人的持续进步和技能提升。

首先，教师反馈是反馈机制中的一个重要元素。教师应提供及时、具体且建设性的反馈，帮助学生了解自己在学习活动中的表现哪些地方做得好，哪些地方还有提升的空间。这种反馈不仅关注学生的知识掌握情况，还包括他们的技能应用、决策过程及团队协作能力。例如，在一个团队项目中，教师可以评价学生的领导能力、沟通技巧或解决问题的方法，并提供具体建议，如何在未来的类似情境中进行改进。

其次，同伴评价也是一个极具价值的反馈形式。在学习过程中，学生可以相互评价对方的工作和贡献。这不仅可以促进学生之间的交流和理解，还能帮助他们从同伴的视角看到自己的优势和不足。同伴评价鼓励学生进行开放和诚实的交流，增强团队合作精神，同时也让学生学会如何接受和提供有建设性的批评。

自我评估则使学生有机会反思自己的学习经历和个人表现。通过自我评估，学生可以独立思考自己的学习过程，识别自己的学习风格和偏好，并思考如何在未来的学习中更有效地使用这些信息。自我评估通常涉及填写反思日志、撰写总结报告或参与自我反思会议，这些活动帮助学生深化对自己学习行为的理解，并根据自评结果做出相应的调整。

通过这种多层次、多维度的反馈机制，学生可以全面地了解自己在体验式学习中的表现，明确自己的强项和改进区域。这不仅提高了学生对自己学习过程的认识，也为他们提供了持续改进和个人成长的机会。此外，这种反馈和改进的过程也为教育者提供了宝贵的信息，帮助他们优化教学方法和学习活动设计，以更好地满足学生的学习需求。

（五）评估与展示

在体验式学习中，评估和展示环节是学习过程的重要组成部分，它为学生提供了一个展示他们知识和技能的平台。通过在项目结束时安排成果展示，学生能够总结和展现他们在整个项目中的学习成就，同时也能接受来自教师、同伴及其他观众的反馈，这不仅增强了学习的互动性，还提高了学习成果的可视化和实用性。

成果展示可以采取多种形式，包括口头报告、视频展示、互动展览等。每种形式都有其独特的优势，教师可以根据学生的特点和项目的性质选择最合适的展示方式。例如：

（1）口头报告：学生可以通过口头报告的形式向听众展示他们的项目成果。这种形式特别适合那些需要详细解释研究过程和结果的项目。口头报告不仅能锻炼学生的公共演讲技巧，还可以通过问答环节即时解决听众的疑问，增加互动性。

（2）视频展示：对于需要展示实验过程或者具有视觉影响力的项目，视频展示是一个非常有效的方式。学生可以通过制作视频来详细记录他们的实验过程、研究方法或者项目成果，视频形式也便于在不同场合和平台上重复播放，扩大影响力。

（3）互动展览：互动展览则适用于那些涉及创造性产品或模型的项目。学生可以设置展览台，展示他们的艺术作品、科学模型或工程设计等。观众可以直接与展品互动，更加直观地理解项目的内容和成果。

通过这些公开展示，学生不仅能展示自己的工作，更能从更广泛的听众那里获得宝贵的反馈，这些反馈可以帮助他们在未来的学习和项目实践中进行调整和改进。此外，公开展示的过程本身也是一种重要的学习经验，它教会学生如何有效地沟通自己的想法，并能批判性地评价自己和他人的工作。

总的来说，评估与展示阶段是体验式学习中不可或缺的一环，它不仅提升了学习过程的透明度和公开性，还增加了学生的参与感和成就感，促进了学生在实践中的持续成长和进步。

第三节　跨学科融合教学

一、跨学科融合教学的定义与特点

（一）定义

跨学科融合教学（Interdisciplinary Teaching）是一种先进的教学模式，它突破了传统单一学科的教学界限，通过融合多个学科的知识和方法来创造一个全面的学习环境。这种教学方式的核心目标是培养学生的能力，使他们能够在复杂的实际情景中有效地应用来自不同学科的知识和技能，解决跨领域的问题。

在跨学科融合教学中，教育不仅仅是知识的传递，更是一个综合思维能力的培养过程。它鼓励学生从多个角度分析问题，综合运用各学科的理论和实践方法，如科学、技术、工程、艺术和数学（STEAM）等领域的知识，以形成一个全面的解决方案。

此模式的实施涉及将通常分开教授的学科内容整合到单一的课程或项目中，从而使学习过程更加动态和互动。学生在这样的教学环境中，不仅能够深化对各个学科的理解，还能通过实践活动直观地看到各学科之间的联系，理解如何将这些看似独立的信息整合起来解决实际问题。这种学习方式强调创新、批判性思维及问题解决技能的培养，是现代教育对学生全面能力提升的重要反映。

（二）特点

1. 综合性强

跨学科融合教学特别强调知识之间的联系和互动，使学生能够在实际问题解决中运用来自不同学科的方法和理论。例如，一个涉及物理、工程学和环境科学的项目，可能要求学生设计和构建一个可持续能源解决方案，如太阳能集热器或风力发电机。在这个过程中，学生需要应用物理学中关于能量转换的原理，工程学中的设计和建模技能，以及环境科学的可持续发展知识。

通过这样的项目，学生不仅能够深入理解各个学科的专业知识，更重要的是，他们能够学习如何将这些看似不相关的知识综合应用于解决具体问题。这种学习方式极大地拓展了学生的思维方式，使他们能够从多角度和层面来分析问题，找到更创新、更有效的解决方案。

此外，这种综合性的教学方法还帮助学生建立起对复杂系统的深刻理解，培养他们在未来职业生涯中应对跨学科挑战的能力。学生在跨学科的学习过程中，不仅提高了个人的知识水平，也促进了关键技能的发展，如批判性思维、创新能力和团队合作能力，这些都是现代社会尤为重视的综合素质。

综上所述，跨学科融合教学的综合性特点不仅增强了学习的广度和深度，也为学生的全面发展提供了坚实的基础，使他们能够更好地适应快速变化的世界和解决未来可能遇到的各种复杂问题。

2. 创新性高

跨学科融合教学的另一显著特点是其对创新性的强调。这种教学模式通过促进学生跨越传统学科的界限，鼓励他们采用新的思维方式和方法来解决问题，从而极大地激发了学生的创新思维和创造力。

在传统的教学模式中，学生往往被限定在特定学科的思维框架内。相比之下，跨学科教学打破了这些界限，允许学生将不同学科的理论和实践相结合，探索全新的解决方案。例如，在一个结合了艺术和科学的项目中，学生可能需要用创意艺术的方法来表达科学概念，或者使用科学技术来创造艺术作品，这种跨界的学习体验可以开阔学生的思维，促进创新能力的发展。

跨学科教学不仅仅是知识的简单叠加，更重要的是它提供了一种多元化的问题解决方法。学生被鼓励使用来自不同学科的工具和方法来分析和处理问题，这种多角度、多策略的解决方式本身就是一种创新。例如，在处理环境问题时，学生可以结合经济学、社会学和环境科学的视角，综合考虑成本效益、社会影响和生态可持续性，找到最优的解决策略。

跨学科融合教学鼓励学生进行创意实践和实验。在这样的教学环境中，学生可以自由地试验和实践他们的创新想法，甚至可以挑战和重新定义已有的学术概念和实践。通过实际操作和实验，学生能够直接观察他们的创意如何在现实中得以应用和演化，这不仅增强了学习的趣味性，更重要的是培养了学生的探索精神和创新能力。

总的来说，跨学科融合教学通过提供一个开放和包容的学习环境，激发了学生的创新思维。这种高度的创新性不仅为学生解决复杂问题提供了更多的可能性，也为他们未来的学术研究或职业生涯提供了宝贵的技能和经验。

3. 协作性好

跨学科融合教学的另一核心特点是其对协作性的强调。在这种教学模式下，不仅需要教师之间跨学科的合作，而且要求学生团队之间的密切协作。这种协作过程不只是完成学习任务的手段，更是培养学生社交技能和团队精神的重要途径。

在跨学科教学中，教师合作是成功实施的关键。不同学科的教师需要共同协作，整合各自的专业知识和教学方法，共同设计和实施课程。这种合作模式要求教师开放自己的教学视野，学习和尊重其他学科的教学内容和方法。例如，一个结合生物学和统计学的项目可能需要生物学教师和统计学教师共同讨论如何将统计方法应用于生物实验数据的分析，这不仅增强了课程内容的丰富性，也为教师们提供了专业成长的机会。

学生在跨学科项目中的协作是学习过程中不可或缺的一部分。在团队协作中，学生需要共同讨论问题，分担任务，并集合各自的知识和技能来寻找解决方案。这种协作过程教会学生如何有效沟通，如何在团队中发挥领导作用，以及如何解决合作中可能出现的冲突。例如，在一个涉及环境科学和社会学的项目中，学生需要共同调研，讨论并提出一个可行的解决方案来处理社区环境问题，这过程中不仅需要科学分析，还需要考虑社会政策和文化因素。

通过这种跨学科和多元化的协作环境，学生可以学习到团队中每个成员的重要性和如何利用每个人的长处来实现团队目标。这种经验对于学生未来的职业生涯极为宝贵，无论是在学术界还是在商业、工业等领域，团队协作都是成功的关键。

总之，协作性的培养是跨学科融合教学的显著优势，它不仅促进了学生的社交技能和团队合作能力的发展，还为解决复杂问题提供了多角度的视野和创新的解决策略。通过这种教学模式，学生能够在真实的团队环境中学习和成长，为将来的学术和职业道路打下坚实的基础。

4. 问题导向

问题导向的教学法是跨学科融合教学的另一核心特点，该方法强调以实际问题为中心，引导学生运用所学的跨学科知识进行综合分析和批判性思考，以解决复杂的现实世界问题。这种教学模式不仅增强了学习的实用性和紧迫感，还激发了学生的积极参与和深入思考。

在问题导向的教学中，课程通常从一个具体的、实际存在的问题开始。这些问题可以来源于社会、经济、科技、环境等多个领域，它们的特点是复杂且多维，需要学生综合应用多学科的理论和方法来探索解决方案。例如，一个关于城市可持续发展的项目可能会要求学生考虑经济增长、环境保护和社会福利之间的平衡，需要他们运用经济学、环境科学和社会学的知识来设计可行的城市规划方案。

这种教学模式鼓励学生不仅要收集和分析数据，还要批判性地评估信息，检视不同解决方案的利弊。学生被引导去深入问题的各个方面，运用逻辑和批判性思维来挑战现有的假设和提出新的见解。这种分析过程帮助学生培养解决复杂问题的能力，同时也锻炼他们的判断和决策能力。

为了支持问题导向的教学，教师会设计与实际问题相关的项目或活动，让学生在解决问题的过程中实际操作和实践。这些活动通常具有强烈的任务驱动性，要求学生在限定的时间内，通过团队合作完成目标。这种设置不仅使学习过程更具挑战性和动态性，还模拟了职场中的工作环境，为学生未来的职业生涯提供了实战经验。

总之，问题导向的教学法通过将学习活动围绕解决实际问题展开，不仅加深了学生对跨学科知识的理解和应用，也极大地提升了他们解决实际问题的能力。这种教学模式为学生提供了一个富有挑战性的平台，让他们在实际操作中发展必要的分析能力、批判性思维和创新能力，为其未来的学术和职业道路奠定坚实的基础。

二、实施策略

（一）选题设计

在跨学科融合教学中，选题设计是构建有效教学活动的基石。选择具有实际意义且涉及多个学科的问题作为研究主题，不仅能够激发学生的学习兴趣，还能促使他们运用和整合来自不同学科的知识和方法。这种方式鼓励学生在解决问题的过程中发展综合思维能力和创新能力。

选择与现实世界紧密相关的主题对于提高学生的学习动机和教学的实用性至关重要。例如，面对全球气候变化这一挑战，学生可以探讨其科学、政治、经济和社会各个方面的影响。通过这样的研究，学生不仅能学习到关于气候科学的基本知识，还能理解政策制定的复杂性及其对经济和社会的广泛影响。

选择能触及多个学科的问题有助于学生看到不同领域之间的联系，如何通过综合不同学科的方法来形成更全面的问题理解和解决方案。例如，在研究城市化问题时，可以涉及城市规划、环境科学、社会学和经济学等多个领域，使学生能够全方位地分析城市化进程中的种种问题和机遇。

公共卫生问题，特别是在全球健康危机的背景下，需要医学、心理学、社会学、经济学和政策研究等多个学科的合作。通过这样的跨学科学习，学生可以探索如何制定有效的公共卫生策略，如何评估健康干预措施的社会和经济影响，以及如何通过公共政策提高整体社会的健康水平。

通过精心设计的选题，跨学科融合教学能够有效地提升学生处理复杂问题的能力，使他们在未来的学术研究或职业生涯中具有更强的竞争力和适应能力。这种教学模式不仅培养学生的知识和技能，更重要的是培养他们的综合分析能力、批判性思维和创新能力。

（二）课程整合

在跨学科融合教学中，课程整合是实现教学目标的关键步骤，它要求将来自不同学科的课程内容融合在一起，创建一个多维度的学习体验。这种整合不仅拓宽了学生的学术视野，而且增强了他们解决复杂问题的能力。

通过设计包含多学科视角的教学活动，学生可以在同一教学框架下接触到不同学科的方法和理论。这种设计通常包括共同的课程模块、研讨会、工作坊等，这些活动促使来自不同专业背景的教师团队合作，围绕一个中心主题提供各自学科的深入见解。

例如，一个关于气候变化的综合课程可能会包括地理科学的气候模型、政治学的环境政策分析、经济学的成本效益分析和伦理学的社会责任讨论。通过这样的课程设置，学生能够从多个角度理解气候变化这一复杂问题，学习如何综合运用这些知识来寻找可行的解决方案。

课程整合需要教师之间的紧密合作。通过跨学科团队教学，教师可以交流各自学科的专业知识，共同开发教学计划，设计出既具包容性又兼顾深度和广度的教学内容。这种合作不仅促进了教师专业发展，还为学生提供了一个模范的团队合作示例。

在课程整合过程中，创新的教学模式如项目基础学习（PBL）、案例研究法、模拟游戏等可以有效地提高学生的参与度和学习效果。例如，通过实际的项目任务，学生可以直接应用他们从不同学科学到的知识和技能，如在模拟联合国会议中，学生需要利用他们的历史知识、政治理论和公共演讲技能来辩论国际问题。

总之，课程整合在跨学科融合教学中扮演着至关重要的角色。通过精心设计的多学科教学活动，不仅加深了学生对单一学科知识的理解，更重要的是教会了他们如何将不同学科的知识整合应用，以解决现实世界中的复杂问题，这为他们的未来学术和职业生涯奠定了坚实的基础。

（三）教师合作

在跨学科融合教学中，教师合作是实现教学目标的重要机制。通过鼓励并支持具有不同学科背景的教师团队合作，可以创建更为丰富和全面的教学内容，同时也为教师自身的专业发展提供了宝贵的机会。

1. 促进跨学科思维

教师合作使得来自不同学科的专家能够聚集一堂，共同探讨和解决教学中遇到的问题。这种跨学科的对话促进了新教学策略的产生，教师可以从其他学科领域获得灵感，拓宽自己的教学视野。例如，一个物理教师和一个文学教师可能共同开发一个关于科学与文学如何互相影响的课程，从而为学生展示知识是如何在不同领域交织并应用的。

2. 共同设计教学活动

通过团队合作，教师可以共同设计包含多学科元素的教学活动，这些活动能够更全面地覆盖学科间的连接点，提高学生的综合理解能力。合作设计不仅涉及课程内容的整合，也包括教学方法和评估标准的共同制定。这种合作模式需要教师们共同商讨课程的目标、教学的重点以及如何评估学生的表现，确保教学活动能够有效地达到预定的教学目标。

3. 专业成长和持续教育

跨学科教师合作也是一种有效的专业发展形式。教师在合作过程中不仅能分享各自的专业知识，还能相互学习对方的教学技巧和管理经验。这种持续的职业发展机会有助于提高教师的教学能力，增强其课堂管理和学生指导的技巧。同时，教师之间的定期交流和反馈也构成了一种内部的专业支持系统，有助于提升教师的教学热情和职业满意度。

总之，教师合作在跨学科融合教学中扮演着核心角色，它不仅丰富了教学内容和提升了教学效果，还促进了教师之间的学术交流和专业成长。通过这种合作，教师可以更有效地实施跨学科教学计划，同时为学生提供一个综合性和创新性的学习环境。

（四）项目驱动

项目驱动的学习方式是跨学科融合教学中一种极为有效的教学策略，它通过实际的、多学科交叉的项目让学生主动学习和实践。这种方法强调学生的主动参与和实际操作，使学习过程更具实用性和动手能力的培养。

1. 实际项目的设计与实施

项目驱动的学习方式要求项目的设计必须结合多个学科的知识和技能，以解决实际问题或创造新的价值。例如，一个环境科学和社会学交叉的项目可能要求学生调查特定社区的环境问题，并设计一套改善方案，这需要学生应用环境科学的技术知识和社会学的调查研究方法。

项目通常设定具体的目标和期限，学生需要在教师的指导下，通过团队合作来规划项目的实施步骤，分配任务，收集和分析数据，最终提出解决方案或完成项目产品。这一过程不仅增强了学生对知识的理解和应用能力，也锻炼了他们的项目管理和团队协作技能。

2. 学习与实践的融合

项目驱动的学习方式鼓励学生将课堂上学到的理论知识与实际问题结合起来，通过"做中学"深化理解。这种学习模式使学生能够在实践中遇到真实的挑战和复杂情况，需要他们运用批判性思维和创新能力来寻找解决问题的新方法。例如，在一个涉及市场分析和产品设计的项目中，学生需要结合商业学、工程学和设计学的知识，从市场需求出发，设计并开发符合用户需求的产品。

3. 结果的展示与评估

项目的最终成果通常以公开展示或演示的形式呈现，允许学生展示他们的工作成果，并接受来自教师、同学和有时是外部专家的评价和反馈。这种展示不仅是对学生学习成果的认可，也是一个让学生体验真实工作环境的机会，增强了学习的动机和成就感。

总之，项目驱动的学习方式是跨学科融合教学中极富成效的一环，它通过实际操作和团队合作，有效地提升了学生的多学科知识应用能力、问题解决能力及创新思维，为学生未来的学术发展或职业生涯奠定了坚实的基础。

（五）资源共享

在跨学科融合教学中，资源共享是一种重要的支持机制，它通过充分利用学校现有的资源和技术平台，极大地促进了多学科的学习和研究。资源共享不仅提高了教学资源的利用效率，还为学生提供了更广泛的学习材料和工具，支持他们在多学科交叉领域的深入学习。

1. 利用技术平台进行资源共享

学校可以通过建立和维护在线学习系统，如学习管理系统（LMS）、在线图书馆数据库和专门的学术论坛等，来实现教学资源的集中管理和共享。这些平台允许教师和学生随时访问和使用各类学习资源，包括电子书籍、学术文章、视频讲座、案例研究、实验软件等，涵盖多个学科领域的知识和信息。

例如，通过在线学习系统，教师可以上传课程材料和参考文献，学生可以下载这些资料进行预习和复习，还可以在论坛上与其他学生和教师讨论学术问题，这种互动不仅增加了学习的灵活性，也促进了知识的深入理解。

2. 促进跨学科的学习和研究

资源共享的环境鼓励学生跨学科地思考和研究。当学生能够轻松访问来自不同学科的资源时，他们更有可能发现学科间的联系，探索新的学习和研究方向。例如，一个工程学学生在学习可持续设计课程时，可能需要访问环境科学、社会学和商业学的资源，以全面了解如何将可持续性理念整合到工程项目中。

此外，资源共享还可以帮助学校节省成本，避免重复购买和维护教学资源，同时也支持了教育的可持续发展。通过集中投资于高质量的资源和技术，学校可以提供更丰富、更高效的教学支持。

3. 建立协作和支持网络

资源共享平台还可以作为建立学术协作和支持网络的工具。教师和学生可以通过这些平台分享他们的研究成果和教学经验，寻找合作伙伴，或获取关于学术和职业发展的建议。这种网络不仅有助于构建一个互帮互助的学术社区，也可以提高学生和教师的职业满意度和成就感。

总之，资源共享在跨学科融合教学中扮演着至关重要的角色，它不仅提供了必要的学习材料和工具，还通过促进知识的互联和流动，增强了教学的深度和广度，为学生和教师提供了一个充满活力和创新的学习环境。

（六）评估与反馈

为确保跨学科教学达到最佳效果，建立一个科学的评估体系是必不可少的。这个体系不仅帮助教师了解教学活动的有效性，还提供了关键信息用于调整教学方法和内容，以更好地满足学生的学习需求。

1. 设计综合性评估工具

有效的评估体系通常包括定量和定性的评估方法，这些方法能够全面衡量学生的学习进度和课程效果。例如，可以使用传统的考试和测验来评估学生对知识的掌握程度，同时结合作品集评估、小组讨论和个人反思等方式来评价学生的批判性思维、创新能力和团队合作能力。这种多维度的评估方法有助于全面了解学生在跨学科环境中的表现。

2. 利用学生反馈进行教学调整

学生反馈是评估体系中的重要组成部分，它为教学改进提供了直接的依据。通过定期收集学生对课程内容、教学方法、课程难度和教学资源的反馈，教师可以了解到哪些教学策略最有效，哪些地方需要改进。反馈可以通过匿名问卷、开放式讨论或一对一访谈等多种方式进行收集，确保学生能够自由表达他们的意见和建议。

3. 项目成果的实际应用评估

在跨学科教学中，项目通常是课程的核心组成部分。通过评估项目的完成度和最终成果，教师不仅能够衡量学生的实际操作能力，还能评估他们应用多学科知识解决问题的能力。项目评估应关注项目的创新性、实用性和团队协作过程，以及项目如何整合和应用不同学科的知识。

4. 定期审视和更新评估标准

随着教育目标和学科发展的变化，评估标准也需要不断更新和调整。通过定期审视教学目标和学生表现，教师和教育管理者可以确保评估体系仍然与教学目标和学术标准相符。此外，引入外部评估人员或与其他教育机构合作进行交叉评估，也可以提高评估的客观性和准确性。

总之，建立一个科学的评估体系对于跨学科教学的成功至关重要。通过有效的评估和反馈机制，可以确保教学方法和内容持续优化，更好地满足学生的学习需求，同时提升教学质量和学术成果。

第六章　第二课堂教学评价体系构建

第一节　评价体系的基本原则

一、科学性原则

（一）理论依据

在构建有效的评价体系时，确保该体系建立在坚实的理论基础上是至关重要的。这种理论基础应涵盖教育心理学、测量学以及相关领域的最佳实践，以确保评价过程不仅科学，而且具有可靠性。

理论提供了评价设计的框架和方向，帮助教育者明确评价的目的、内容和方法。当评价体系基于坚实的理论时，它能够更准确地测量学生的学习成果，提供更有意义的数据支持教学决策。此外，理论驱动的评价可以帮助教师和教育行政人员理解评价结果背后的深层次因素，从而更有效地指导学生学习和发展。

一个典型的例子是布卢姆的认知领域分类理论，该理论区分了学习目标在认知层次上的不同级别：知识记忆、理解、应用、分析、评价和创造。通过将这些层次纳入评价标准的设计，教育者可以确保评价工具能够全面衡量学生在知识和技能各个方面的掌握程度。例如，设计测试时可以包括简单的记忆题目来评价学生对事实的记忆，同时也包括案例分析题目来评价学生的分析和评价能力。

评价体系的设计还应考虑教育心理学的其他重要理论，如维果茨基的近端发展区理论，该理论强调评价应关注学生当前的能力和潜在的发展空间。这种理论可以指导教育者设计形成性评价，帮助学生在接受适当支持的情况下达到其潜能。

此外，有效的评价体系还应融合教育测量领域的最佳实践，如确保评价工具的有效性和可靠性，使用科学的数据分析方法来解释评价结果。这包括采用适当的统计技术来分析测试结果，以及定期审查和更新评价工具以保持其相关性和准确性。

总之，一个科学的评价体系需基于坚实的教育和评价理论构建，这不仅提高评价的准确性和效率，还有助于通过评价过程促进学生的全面发展。通过理论的指导和最佳实践的应用，评价体系可以成为教育质量提升的强有力工具。

（二）数据驱动

在现代教育评价中，数据驱动的方法是确保评价结果客观性和准确性的关键策略。通过系统地收集和分析与学生学习相关的各种数据，教育者可以获得深入的洞察，以指导教学决策和改进学习过程。

1. 数据收集的重要性

有效的评价系统需要依赖于广泛的数据来源。这些数据包括但不限于：

（1）学习成果数据：考试成绩、作业评分和项目评估结果等，反映学生在具体学术任务中的表现。

（2）参与度数据：课堂参与情况、在线学习平台的活动日志和课外活动的参与等，显示学生在学习过程中的积极性。

（3）反馈意见：学生、教师和家长的反馈，提供对教学方法、课程内容和学习环境的直接见解。

2. 数据分析方法

为确保数据的科学处理，评价体系需要采用多种数据分析方法：

（1）统计分析：使用描述性统计来总结数据特点，应用推断统计方法来检验假设，例如，分析测试成绩的变化是否显著，或学习方法的不同是否对成绩有影响。

（2）比较分析：对不同学生群体、不同教学方法或不同时间点的数据进行比较，以识别趋势和模式，例如，比较不同教学策略对学习成果的影响。

（3）相关性分析：探索不同变量之间的关系，如学习时间与成绩的相关性，或参与度与学生满意度之间的联系。

3. 确保数据的客观性和准确性

为保证评价结果的客观性和准确性，必须对数据收集和处理过程实施严格的质量控制。这包括确保数据的完整性、保护数据隐私、避免数据处理中的偏误，并定期审查分析方法的有效性。同时，通过多源数据的综合分析，可以提高评价结果的可靠性，避免单一数据源可能带来的局限。

总之，数据驱动的评价方法使得教育评价不仅依靠直观判断，而是建立在实证基础上，增加了评价结果的科学性和操作性。通过精确的数据分析，教育者能够更好地理解学生的学习状况，制定更加有效的教学策略，促进学生的全面发展。

（三）系统设计

为确保教学评价的效果，需要构建一个全面而系统的评价体系。这种系统化的设计不仅提高了评价的科学性和一致性，还能确保各种评价活动能够协同工作，共同支持教育目标的实现。

1. 明确的评价目标

评价体系的设计首先需要从明确评价目标开始。这些目标应直接对应教学目标和学习成果，确保每个评价活动都旨在测量学生在某个具体教学目标上的表现。例如，如果教学目标包括提高学生的批判性思维能力，评价目标则需要精确到如何通过具体的评价活动来衡量这一能力的发展。

2. 详尽的评价指标

设计详尽的评价指标是实现评价目标的关键步骤。这些指标应详细描述所期望的学生表现，每个指标都需要有明确的标准和预期结果。评价指标应覆盖知识掌握、技能应用、态度和行为等多个层面，确保能全面评价学生的学习成果。例如，对于一个科学实验项目，评价指标可能包括实验设计的创新性、实验过程的准确性和实验报告的完整性。

3. 多样的评价方法

一个系统的评价体系应包括多样化的评价方法，以适应不同类型的学习内容和学生的学习风格。这包括传统的书面测试、项目评审、口头报告、同行评审、自我评价以及更多形式的互动评价方法。每种方法都应当设计得既能有效测量特定的学习成果，又能激励学生积极参与学习过程。

例如，口头报告可以评价学生的沟通能力和信息整合能力，而项目评审则更侧重于评价学生的创新思维和团队协作能力。书面测试可能更适合评价学生对核心概念的理解和记忆。

（四）考虑不同学科的特点

在设计一个有效的评价体系时，必须考虑到不同学科的独特性。每个学科都有其自身的知识结构、学习目标以及学习方法，因此，评价方法和指标需要精确地匹配学科的核心要求，以确保评价的适用性和准确性。

1. 学科特定的知识结构

每个学科都基于一套独特的理论和概念框架。例如，科学课程强调实验方法和经验验证，因此评价时需要考虑学生设计实验、收集数据及分析结果的能力。文学课程，则更侧重于批判性思维和解析能力，评价时需要重视学生如何解读文本、构建论证以及表达自己的见解。

2. 学习目标的差异

不同学科的学习目标也各不相同，这直接影响评价指标的设置。例如，在数学课程中，学习目标通常涉及问题解决能力和逻辑推理，因此，评价时可能会使用问题解决的测试来衡量学生的逻辑思维和计算技能。而在艺术课程中，学习目标可能更侧重于创造力和审美能力，评价则可能侧重于学生的创作作品及其创新性和表达能力。

3. 评价方法的适应性

针对不同学科的评价方法需要灵活适应各学科的教学和学习方式。例如，历史课程可能需要学生进行大量的阅读和写作，因此评价可能包括书面报告和论文，以评估学生对历史事件的理解和分析能力。在物理课程中，学生可能需要通过实验和实际操作来学习物理定律，评价则可能更侧重于实验报告和实验操作的准确性。

4. 跨学科能力的评估

在跨学科的教学模式中，评价还应考虑学生如何将不同学科的知识综合运用来解决问题。这要求评价体系能够识别和奖励那些能够跨学科思考和创新的学生。例如，一个结合科学、技术、工程和数学（STEM）的项目，评价标准应包括学生如何整合这些领域的知识来设计解决方案的能力。

总之，评价体系的设计必须细致考虑各学科的特点，确保评价方法和指标不仅反映学科核心要求，也支持学生的全面发展。通过精确地匹配学科需求，评价体系可以更有效地推动学生在各个领域的学术成就。

（五）定性与定量评价的综合运用

在构建一个全面有效的评价体系时，综合运用定性和定量评价方法是至关重要的。这种综合方法不仅能够提供广泛的数据支持决策，还能帮助教育者深入理解学生的个体差异和学习动态。

1. 定量评价的作用

定量评价方法通过可度量的数据来评估学生的学习成果，如考试分数、正确答题比率、项目完成度等。这些数据可以通过各种统计分析工具进行处理，以识别学习趋势、评估教学效果、并比较不同学生或不同教学方法之间的效果。例如，通过收集和分析成绩数据，可以量化学生在特定时间段内的进步，或者评估某一教学策略的有效性。

2. 定性评价的重要性

定性评价方法则侧重于收集更为深入的数据，如学生的反馈、面试、观察记录以及开放式问答等，这些方法有助于揭示学生的思维模式、解决问题的策略和学习态度。定性方法强调理解学生的个人经历，探索他们的学习过程，如何理解和应用新知识。例如，通过学生日记或反思性写作，教师可以了解学生对某个概念的理解深度和其学习中遇到的困难。

3. 综合应用的优势

综合运用定性和定量评价方法能够提供一个多维度的学习评估，使教育者能够从宏观和微观的角度全面理解学生的学习状态。定量数据提供了评价的"广度"，帮助教育者快速了解学生群体的一般表现；而定性数据则提供了评价的"深度"，帮助教育者钻研个别学生的详细表现和具体需求。

此外，这种综合评价方法还可以促进教育的个性化。通过对定量数据的广泛分析确定教学中需要改进的方面，同时利用定性数据深入了解这些问题的具体表现和背后的原因，教育者可以更精确地调整教学策略，以满足每个学生的具体需要。

总之，定性与定量评价方法的综合运用为教育提供了一个全方位的评估框架，不仅能增强评价的客观性和科学性，还能增进对学生学习过程的深入理解，从而促进教学和学习的持续改进。

二、公正性原则

（一）公平评价

公平评价是确保教育质量和学生发展的基石。它要求评价过程中每位学生都能在同等的条件下展示其能力，确保所有的评价活动都基于学生的实际表现，而非任何个人背景、性别、种族或其他无关因素。

1. 设计公正的评价标准

公平的评价始于设立公正无偏的评价标准。这些标准应当明确、具体且易于理解，确保所有学生都能清楚知道评价的依据。此外，评价标准应广泛覆盖所需评估的知识和技能，避免偏向某一特定类型的能力或学习风格。例如，在设计测试时，除了书面考试，还可以包括口头报告、实际操作演示等多种形式，以适应不同学生的表达方式和学习优势。

2. 培训教师以提高评价公正性

教师在评价过程中扮演着至关重要的角色。为了确保评价的公正性，教师需要接受专门的培训，学习如何设计和实施无偏见的评价方法。这包括对潜在偏见的认识教育，学习如何识别和消除这些偏见，以及如何使用多样化的评价工具来公平地评估每位学生的表现。

教师的专业发展应包括对评价理论和实践的持续学习，确保他们能够根据最新的教育研究和实践更新他们的评价方法。此外，定期的工作坊和研讨会可以帮助教师交流经验，探讨案例，从而在实际工作中更有效地实施公平评价。

3. 监督和回顾评价实践

为了保证评价过程的公平性，学校应建立监督机制，定期回顾评价实践。这可以通过匿名调查、学生反馈、同行评审等方式进行，以识别并解决可能的不公平现象。通过这些反馈，教育机构可以不断改进评价政策和实践，确保它们符合公平原则，且有效地支持所有学生的学习和成长。

总之，公平评价不仅是评价体系的要求，也是教育公正的体现。通过精心设计的评价标准、持续的教师培训和有效的监督机制，可以确保每位学生都在平等的基础上接受评价，从而真正达到教育的公平目标。

（二）透明流程

透明流程在评价体系中扮演着至关重要的角色，它不仅增强了评价的可信度，也提高了学生和其他相关利益方对评价公正性的信任。通过确保评价标准、方法和程序的透明化，所有参与者都可以充分理解评价的目的和过程，从而在评价中发挥更积极的作用。

1. 公开评价标准和方法

评价过程的透明化首先需要从公开评价的标准和方法开始。这意味着所有评价工具、评分标准和期望结果都应该向学生和教师明确说明。例如，如果使用特定的评分标准或性能指标，这些信息应该通过课程大纲、学校网站或教学会议等渠道提前公布给所有学生和教师。通过这种方式，学生可以更好地理解他们将如何被评价，以及如何准备来满足这些标准。

2. 定期沟通和会议

透明流程还需要通过定期的沟通和会议来维护。教师应定期与学生进行面对面的会议，讨论评价进度和学生的表现，解答学生对评价有任何的疑问。这种定期的交流可以帮助学生了解他们当前的学习状况，同时也提供了机会给学生反馈他们对评价过程的看法和建议。

3. 在线平台的信息共享

利用在线平台进行信息共享是另一种实现评价透明化的有效方法。教育机构可以利用学习管理系统（LMS）或专门的学校网站来发布评价相关的所有文档和资源。这包括评价日程、评价工具、样本答案、评价标准解释等。在线平台的优势在于可以实时更新信息，并且易于所有相关利益方访问，从而保证了评价流程的持续透明和公开。

4. 建立反馈机制

为了进一步增强透明流程，应建立一个有效的反馈机制，允许学生和教师对评价过程提出意见和改进建议。这可以通过在线调查、意见箱、定期评审会议等形式进行。收集的反馈应被认真分析，并用于调整评价标准和流程，以确保评价体系不断优化，更好地服务于教学目标。

总之，透明流程是确保评价体系公正、有效并被广泛接受的关键。通过明确公开的评价标准、定期的沟通、信息共享平台和建立反馈机制，教育机构可以创建一个更加开放和受信赖的评价环境。

（三）多元视角

在构建有效的评价体系时，融入多元视角是至关重要的。这种做法不仅增强了评价的全面性和深度，而且提高了评价结果的公信力和接受度。通过集成教师、学生、行业专家等不同主体的观点，评价过程能够更全面地反映学生的学习成果和教学活动的实际效果。

1. 教师的专业视角

教师作为教学活动的直接参与者，他们对学生的学习过程和成果有着深刻的了解。教师的评价可以提供关于学生日常表现的详尽信息，包括学生在课堂上的互动、作业完成情况以及参与度等方面的观察。此外，教师能够根据学科专业知识，对学生的学术表现进行准确评价。

2. 学生的自我评价

引入学生自评是评价体系中的一种重要维度。自我评价鼓励学生反思自己的学习过程和成果，增强自我监控和自我调整的能力。这不仅帮助学生识别自己的强项和改进区域，还促进了学生对学习目标和评价标淮的深入理解。通过这种方式，学生能够更积极地参与到学习和评价过程中，提高学习的自主性和动机。

3. 行业专家的外部视角

引入行业专家进行评价可以提供一个与教育实践直接相关的外部视角。这些专家通常具备特定领域的深厚知识和丰富经验，他们可以评估学生的学习成果是否符合行业标准和需求。例如，在工程、医学或商业等领域，专家评审可以确保学生的技能和知识达到了职业实践的要求。

4. 同行评审的交互视角

同行评审，即由学生互相评价，也是一种重要的评价方式。这种方法不仅可以提升学生的批判性思维和公正评价的能力，还能增强学生对评价标准的理解。通过评价同伴的工作，学生能够从同龄人的表现中学习，看到自己可能忽视的优点和缺点。

综合这些多元视角，评价体系能够更加全面和深入地反映教育活动的效果，同时也为教育决策提供了更丰富的信息。通过这种多角度、多主体的参与，评价过程本身也成为了一个促进学习和发展的平台。

三、激励性原则

（一）正向激励

在教育评价中，正向激励的作用不可小觑。它转变了传统评价的焦点，从单纯指出学生的不足转向强调其优势和潜力，从而促进学生的积极参与和持续进步。这种方法不仅提高了学生的自信心和动力，也有助于培养他们的自我驱动和终身学习的能力。

1. 强调学生的优势

评价过程中，应特别注意识别和强调每位学生的独特优势。这可以通过详细记录学生在特定任务或项目中展示出的创造力、解决问题的技巧或其他关键能力来实现。例如，教师可以在评价反馈中突出学生在团队项目中表现出的领导能力或在科学实验中表现出的细致观察能力。通过赞扬这些优点，学生能感受到自己的努力被认可，从而增强他们继续努力的欲望。

2. 提供建设性的建议

正向激励也涉及提供具体的、建设性的建议，而不仅仅是评价学生的表现。这意味着评价反馈应包括可操作的建议，指导学生如何利用他们的优势并改善表现。例如，如果一个学生在数学分析方面表现出色但在数据呈现方面较弱，教师可以鼓励该学生继续发挥其分析优势，同时建议他参加关于数据可视化的工作坊，以提升其整体能力。

3. 激发内在的学习动力

正向激励的关键在于激发学生的内在学习动力。这可以通过设置达成目标的奖励，鼓励学生追求自我超越。例如，可以为完成特定学习任务的学生提供奖励，如额外的学习资源或参与特别活动的机会。此外，正向的、鼓励性的语言—如"你可以做到"和"你在这方面有很大的进步"—可以显著提高学生的自我效能感，促使他们更积极地参与学习过程。

4. 通过多种渠道反馈

为确保正向激励的效果，教师应通过多种渠道进行反馈，包括口头评价、书面反馈及电子方式等，确保每位学生都能及时收到并理解评价内容。这种全面的沟通策略有助于确保信息的到达和理解，使学生能够即时反思并应用于未来的学习中。

总之，正向激励是一个重要的教育评价策略，它通过强调学生的优势、提供建设性的建议，并激发学生的内在动力，帮助他们认识到自己的成长空间，从而促进其整体的学习和发展。

（二）持续改进

持续改进是教育评价中的一个核心原则，它认识到评价不仅是衡量学生当前能力的工具，更是促进学生不断进步和发展的过程。将评价设计成一个动态的、循环的过程，可以确保学生的学习和成长得到持续的支持和促进。

1. 定期反馈的重要性

评价体系应包括定期的反馈机制，这允许学生及时了解自己在第二课堂活动中的表现。定期反馈可以采取多种形式，如口头评论、书面报告或电子反馈系统，关键在于确保反馈及时且具体，能够针对学生的具体表现提供有用的信息。例如，教师可以在每个项目或大型活动后提供详细的评价报告，指出学生的强项和改进领域，这不仅帮助学生认识到自己的进步，也明确了未来提高的方向。

2. 基于反馈的调整

持续改进的评价体系强调基于反馈进行教学和学习的调整。这意味着教育者需要根据收集到的反馈调整教学策略，以更好地满足学生的需求。同时，学生也应被鼓励根据反馈调整自己的学习方法和技巧。例如，如果多次反馈显示一个学生在时间管理方面存在问题，教师可以提供关于如何有效管理时间的资源或指导，学生则需要采用这些策略来改善自己的表现。

3. 促进自我监控与自我调节

持续改进也涉及培养学生的自我监控和自我调节能力。通过参与评价过程，学生可以学习如何评估自己的学习，识别自己的强项和弱点，并根据反馈进行适当的调整。这种能力是学生自主学习和终身学习的重要组成部分，有助于他们在学术和职业生涯中取得成功。

4. 创建支持环境

为确保持续改进的评价能够有效实施，学校和教育机构需要创建一个支持性的环境。这包括提供必要的资源，如访问学习材料、时间管理工具、辅导和咨询服务等，以及建立一个鼓励尝试和容错的文化，使学生能够在安全的环境中探索和学习。

总之，将评价视为一个持续的过程，不仅可以增强学生的学习经验，还可以促进他们的个人成长和发展。通过定期反馈、基于反馈的调整、促进自我监控和创造支持性环境，评价成为推动学生持续进步的动力，而非单纯的成绩衡量。

（三）认可与奖励

在教育过程中，对学生的认可和奖励是极为重要的激励手段，特别是在第二课堂活动中，适当的认可和奖励可以显著提升学生的参与度和学习动力。通过这种方式，学生不仅感受到自己努力的价值，而且能够激发他们进一步探索和发展自己的潜力。

1. 多样化的认可方式

认可的形式可以多样化，不仅限于传统的奖品和证书。例如，对于表现优秀的学生，可以通过学校的通讯或网站公布他们的成就，或者在学校活动中为他们颁发荣誉证书。此外，可以在学生的学习档案中记录这些成就，作为他们学习和发展的一部分，这种记录不仅对学生个人有长远的积极影响，也可以作为其未来求职或进一步学习的有力证明。

2. 实质性的奖励

除了象征性的认可，实质性的奖励同样重要。这可以包括学分、奖学金或专门的学习资源。例如，对于参与特定项目并表现突出的学生，可以提供额外的学习材料或免费参加相关领域的研讨会和工作坊的机会。这种奖励不仅表彰了学生的努力，还鼓励他们继续在该领域深造。

3. 奖励的心理效应

适当的认可和奖励能够显著增强学生的成就感，这对于学生的自我效能感和未来的学习动力至关重要。当学生看到自己的努力被认可，并因此获得奖励时，他们更有可能在未来的学习中投入更多的热情和努力。此外，这种正向反馈还能激励其他学生，增强他们参与第二课堂活动的意愿，从而创建一个积极的学习环境。

4. 鼓励持续参与

在第二课堂活动中，认可和奖励也应用于鼓励学生持续参与和进步。例如，可以设置一系列递增的挑战和相对应的奖励，激励学生持续参与并在活动中取得进步。这种渐进式的激励机制能够帮助学生不断设定并实现新的学习目标，促进他们的全面发展。

总之，通过有效的认可与奖励机制，教育者可以显著提高学生在第二课堂活动中的参与度和成就感，这不仅有助于学生的即时学习表现，还对他们的长期发展产生深远影响。这种正向激励策略是构建积极学习文化的关键部分，有助于激发学生的潜力并促进他们的持续成功。

第二节　评价指标的设定

一、学习效果

（一）知识掌握

在第二课堂活动中，对学生知识的掌握进行全面评估是至关重要的。这种评估不仅关注学生对学术理论的理解和记忆，还包括他们将这些理论应用于解决实际问题的能力。通过这样的评估，教育者可以确保学生不仅能够吸收知识，还能够有效地将知识转化为实践技能。

1. 理论知识的评估

理论知识的掌握是学生学术发展的基础。评估方法通常包括定期的理论测试，这些测试设计为覆盖广泛的主题和概念，确保学生对课堂上讲授的材料有深入的理解。理论测试可以通过多项选择题、填空题和简答题等形式进行，这些测试不仅评估学生对具体事实的记忆，还测试他们对概念的理解和分析能力。

2. 实践知识的应用

实践知识的评估着重于学生将理论知识应用于实际情境的能力。这包括通过案例分析和项目工作的方式，让学生在模拟或真实的环境中解决问题。例如，可以设计基于真实世界问题的案例研究，要求学生分析情况、提出解决策略并论证其选择的有效性。此外，实际应用演示，如科学实验、工程设计项目或商业计划展示，也是评估学生如何将理论知识转化为实际操作能力的重要方式。

3. 综合评估方法的重要性

为了全面评估学生的知识掌握，教育者应采用多种评估工具和方法。这不仅包括传统的书面考试，还应包括口头报告、小组讨论、同行评审等互动和反馈形式。这种多样化的评估方法有助于捕捉学生的学习过程中的各个方面，从知识理解到应用实践，确保评估过程既公正又全面。

通过这样的综合评估，教育者可以更好地理解学生在第二课堂活动中的学习成效，同时为学生提供必要的支持和引导，帮助他们在学术和职业生涯中成功应用所学知识。这种评估不仅强调知识的掌握，更注重能力的培养和实践的应用，是第二课堂教育目标的重要组成部分。

（二）技能提升

在第二课堂活动中，技能的发展尤为关键，这些技能不仅为学生的学术成功打下基础，还为未来的职业生涯做好准备。特别强调的技能包括沟通能力、领导能力和创新能力等，这些都是在现代职场环境中极为重要的素质。

1. 沟通能力

沟通能力是学生在各种社交和专业环境中必需的技能。在第二课堂活动中，可以通过团队讨论、演讲和展示等形式来评估学生的沟通能力。例如，教师可以观察学生在小组讨论中的表达能力和倾听技巧，评估他们如何表达自己的观点以及他们在接收反馈时的反应。此外，口头报告和展示提供了评估学生如何在较大群体前清晰、有逻辑地表达思想的机会。

2. 领导能力

领导能力的评估通常通过观察学生在承担领导角色或管理团队项目时的表现来进行。在这些活动中，学生需要展示他们的组织能力、决策能力以及如何激励和引导团队成员。评估可以通过同伴评价和教师观察的方式来实施，这包括学生如何分配任务、解决冲突以及他们的团队成员对其领导风格的反馈。

3. 创新能力

创新能力是第二课堂活动中特别强调的另一项关键技能，评估通常围绕学生在面对新问题时的思考方式和解决策略进行。这可以通过创新项目或解决实际问题的任务来评估，观察学生如何提出和实施新的解决方案。具体的评估方法可以包括项目的创意性、实用性评估以及创新解决方案的实际效果。

（三）评估工具

在第二课堂活动中，为了全面和有效地评估学生技能的提升，教师和同伴评价、自我评价表及具体技能测试成为关键的工具。这些工具各自有其独特的作用和优势，合理地运用它们可以提供多维度的评估视角，从而更准确地反映学生的技能发展情况。

1. 自我评价表

自我评价表是一种使学生主动参与评估过程的工具，它鼓励学生对自己的表现进行反思。通过填写自我评价表，学生可以对自己在某一技能领域的掌握程度做出主观评估，识别自己的强项和需要改进的地方。这种自我评估过程有助于培养学生的自我监督能力和自我调整能力，对个人成长极为重要。

2. 同伴评价

同伴评价允许学生互相评估彼此的表现，这不仅可以增强团队内的相互学习，还能增进对技能多样性的理解和尊重。同伴评价通常在团队项目或小组讨论后进行，每位成员对其他成员在项目中的贡献和表现进行评价。这种评价方式可以从同龄人的角度提供反馈，有助于揭示学生在互动和协作过程中可能未察觉的行为模式和技能应用。

3. 教师观察

教师作为评估过程中的专业指导者，通过观察学生在各种教学活动中的表现，可以提供专业和客观的评价。教师的观察可以包括学生的课堂参与度、项目执行、以及特定技能的应用等方面。教师还可以根据观察结果提供即时的反馈和指导，帮助学生在实践中改进和精炼其技能。

4. 模拟情境测试

模拟情境测试是评估学生实际应用能力的一种直观方法。通过设置角色扮演、模拟业务会议或其他专业场景，学生可以在控制的环境中展示其沟通、领导和创新等多种技能。这种测试不仅检验学生对理论知识的运用能力，也评估他们在现实或接近现实的情境中处理复杂问题的能力。

综上所述，通过综合运用自我评价表、同伴评价、教师观察和模拟情境测试等工具，教育者可以全面地评估和了解学生在第二课堂活动中的技能提升情况。这些工具不仅有助于量化学生的技能发展，还能促进学生在自评和互评过程中的自我认识，为他们的持续成长和技能完善提供支持。

二、技能发展

（一）实践能力

在第二课堂活动中，实践能力的评估是至关重要的，因为它直接反映了学生将理论知识转化为实际应用能力的效果。实践能力包括一系列技能，如实验操作、技术操作以及其他与专业相关的实际技能，这些都是学生在未来职业生涯中成功的关键。

1. 实验技能的评估

实验技能是理科、工程等领域中一个核心的技能集。评估学生的实验技能通常包括他们在实验准备、实验操作和结果分析等方面的表现。评估工具可以是详细的实验报告，其中包括学生对实验目的的理解、实验设计、实验过程记录、数据收集和分析以及实验结论。此外，教师还可以通过实验室观察和操作测试来直接评估学生的实验操作能力和实验安全意识。

2. 项目实施能力的评估

项目实施能力的评估关注学生在设计和执行复杂项目中的技能，尤其是在应对项目管理、团队协作和问题解决方面的能力。这可以通过项目实施记录和最终项目展示来进行。项目记录应包括项目计划、进度更新、团队会议记录和问题处理策略，而项目展示则是评估学生如何将整个项目成果有效呈现出来的方式。

3. 现场操作表现的评估

在许多技术性和职业性较强的学科中，现场操作能力是一个关键的评估领域。这种评估通常涉及到学生在模拟或实际工作环境中的操作表现，可以通过现场技能测试、角色扮演或模拟任务执行等形式进行。评估的焦点在于学生对工具和设备的熟练操作，以及他们在实际工作压力下处理和解决问题的能力。

综合这些评估方法，教育者可以获得学生实践能力的全面了解，这不仅帮助学生认识到自己的实际操作水平，还提供了改进和提升的方向。通过实践能力的评估，学生能够在第二课堂活动中得到实质性的成长和准备，为未来的学术追求或职业生涯奠定坚实的基础。

（二）团队合作

团队合作能力是学生在第二课堂活动中极其重要的技能之一，特别是在今天这个强调协作和交流的时代。评估学生的团队合作能力不仅涉及他们如何与他人互动，还包括他们如何共同解决问题、共享资源以及协调行动以达成共同目标。

1. 团队项目的评估

团队项目是评估学生团队合作能力的主要方式之一。通过项目，学生需要共同规划、执行任务，并共同面对挑战，最终共享成功或分析失败的经验。评估可以集中在项目的规划阶段、执行过程以及项目成果上。特别关注学生如何分配任务、如何沟通信息以及如何集体决策。这些活动提供了观察学生在实际团队环境中行为表现的机会，从而评估他们的合作意识和协调能力。

2. 角色扮演活动

角色扮演活动是另一种评估团队合作能力的有效方法。通过给学生分配不同的角色，并让他们在模拟的情境中互动，教育者可以观察学生如何在团队中处理角色特定的责任，如何与其他团队成员交流和协作。这种方法可以帮助评估学生在特定压力或需求下的团队表现，以及他们如何贡献自己的专长以推动团队目标的实现。

3. 团队反馈表

团队反馈表是一种让团队成员互相评价的工具，它可以用来收集关于每位成员在团队活动中表现的信息。这包括他们的贡献程度、合作态度以及领导能力等方面的反馈。通过团队成员的直接反馈，可以获得关于学生团队合作能力的直接见证，这些信息对于全面了解学生如何在团队中发挥作用非常有帮助。

4. 观察和实时反馈

在团队活动中，教师的观察也是一个重要的评估手段。教师可以在活动中观察学生的互动模式、冲突解决策略和领导行为。此外，实时的反馈可以帮助学生即时了解自己的表现，并在活动过程中调整自己的行为和策略。

总之，通过团队项目、角色扮演、团队反馈表以及教师的实时观察，可以全面评估学生的团队合作能力。这种评估不仅帮助学生认识到自己在团队中的作用和影响，还促进了他们在合作意识、协调能力和团队精神等方面的发展。

（三）创新能力

创新能力是学生在现代教育中亟需培养和发展的核心技能之一。它不仅包括学生提出新颖想法的能力，还涵盖了他们解决复杂问题和在实际情境中应用创新思维的能力。在第二课堂活动中，评估学生的创新能力有助于了解他们如何运用创造力应对挑战，并为未来的职业生涯和个人发展奠定坚实基础。

1. 提出新方案

评估学生的创新能力首先可以通过他们在项目和活动中提出的新方案来进行。学生被鼓励在解决现有问题或改进现有流程时，提出独特且可行的解决方案。评估标准包括方案的创意性、实用性和可执行性。例如，在一个环保项目中，学生可以提出如何减少校园废物的新方案，通过这些方案的评审，可以衡量学生的创新思维和实际应用能力。

2. 解决复杂问题的方法

复杂问题通常没有标准答案，这为学生提供了展示创新能力的广阔平台。评估学生解决复杂问题的方法可以通过案例分析、问题解决任务以及实际项目的完成情况来进行。教师可以设置真实或模拟的复杂情境，要求学生运用多学科知识和创新思维来提出解决方案，并进行实施和评估。例如，在模拟企业管理情景中，学生需要制定和实施新的业务策略，评估这些策略的效果可以反映他们的创新能力。

3. 创新竞赛表现

创新竞赛是评估学生创新能力的另一个重要途径。通过参加各类学术和非学术竞赛，如科技创新大赛、创业比赛或设计竞赛，学生有机会展示他们的创造力和问题解决能力。竞赛成绩以及在竞赛过程中展示出的独创性和团队合作精神，都是评估学生创新能力的重要指标。

4. 创新思维测试

创新思维测试是一个更直接的评估工具，设计这些测试的目的是量化学生的创造力和创新思维能力。这些测试通常包括开放式问题、创意写作、发明构思等任务，要求学生在有限的时间内提出新颖且富有创意的解决方案或想法。测试结果可以提供关于学生创新潜力的客观数据。

5. 项目创新评审

在项目课程中，对项目的创新性进行评审是评估学生创新能力的关键步骤。评审标准应包括项目的独创性、实现的难度、技术含量和实际效果等。通过对项目的综合评审，可以全面了解学生在创新思维、项目设计和实施方面的能力。

6. 实际问题解决案例分析

通过分析学生在实际问题解决中的表现，可以评估他们如何运用创新思维应对现实挑战。教师可以收集学生在实际项目中的案例，分析他们提出的解决方案、实施过程及其效果。这种案例分析不仅评估了学生的创新能力，还提供了宝贵的学习和改进反馈。

总之，通过多种评估方法，如提出新方案、解决复杂问题的方法、创新竞赛表现、创新思维测试、项目创新评审和实际问题解决案例分析，教育者可以全面了解和评估学生的创新能力。这些评估不仅有助于学生认识和发挥自己的创新潜力，还为他们未来的发展提供了坚实的基础。

三、学生反馈

（一）满意度调查

在第二课堂活动中，进行满意度调查是一个至关重要的步骤，它帮助教育者深入了解学生对于活动的整体感受和评价。通过有效的问卷调查和访谈，教育者可以收集关于活动组织、内容、教学方式及学习目标达成等方面的详尽信息，这些数据对于评估活动的有效性和对学生影响的广度至关重要。

1. 问卷调查

问卷调查是收集学生反馈的一种快速且高效的方法。设计的问卷应涵盖广泛的问题，从活动的组织和逻辑安排到具体的内容和教学方法。问卷可以包括选择题、量表评级题（如利克特量表）、开放式问题等，这样既能获得定量的数据，也能让学生提供具体的意见和建议。例如，可以询问学生对于活动的整体满意度，对教学质量的评价，以及活动是否帮助他们达到预定的学习目标。

2. 访谈

访谈则提供了一种更深入个性化的反馈方式。通过面对面或虚拟访谈，教师或活动组织者可以与学生进行深入对话，探索他们的详细感受和具体体验。访谈可以帮助揭示问卷调查中未能触及的细节，如学生对某些活动环节的个人感受、具体的满意或不满的原因，以及他们对活动改进的具体建议。

3. 覆盖的关键领域

满意度调查的设计应确保涵盖以下关键领域：

（1）活动的组织和流程：评估活动的安排是否合理，时间是否充足，以及场地和资源是否得当。

（2）内容的相关性和质量：调查活动内容是否符合学生的学习需求和兴趣，以及内容的深度和广度是否适宜。

（3）教学方式的效果：评估所采用的教学方法是否促进了学习，是否有助于学生理解和应用新知识。

（4）学习目标的实现：确定活动是否帮助学生达到了预设的学习目标，以及这些目标是否与学生的长期学术或职业目标相匹配。

4. 利用反馈进行改进

收集到的满意度调查数据应被系统地分析和利用，以指导未来活动的改进。教育者应定期审视这些反馈，识别趋势和模式，并根据学生的反馈调整活动内容、教学方法和组织流程。这不仅能提升学生的学习体验，还能增强教学活动的整体效果。

总之，通过综合运用问卷调查和访谈等方法进行满意度调查，教育者可以获得宝贵的洞察，这些洞察有助于不断优化第二课堂活动，确保它们满足学生的需求并有效支持他们的学习和发展。

（二）改进建议

在第二课堂活动中，积极收集并整合学生的建议和意见是至关重要的，它有助于教育者及时调整和优化教学策略及活动安排，从而提升教育的有效性和学生的满意度。有效地搜集和应用学生的反馈可以确保教学活动不断适应学生的需求和期望，同时也能增强学生的参与感和归属感。

1. 开放式反馈会议

开放式反馈会议是一种直接和互动的方式，可以让学生面对面地向教师和活动组织者表达他们的意见和建议。这种会议通常在活动结束后不久举行，目的是讨论活动的各个方面，从组织流程到内容深度，再到教学方法等。在会议中，学生可以自由地分享他们的体验，讨论他们觉得有效或需要改进的地方。这种直接的交流有助于教育者更好地理解学生的需求，并且可以即时回应他们的疑虑。

2. 建议箱

建议箱是另一种低门槛的反馈工具，它允许学生匿名提交他们的意见和建议。可以设置实体建议箱在校园的显眼位置，或者创建在线建议箱，如通过学校的学习管理系统或专用邮箱。这种方法鼓励所有学生，尤其是那些可能不愿在公开场合发言的学生，表达他们的真实感受和建议。

3. 在线论坛

在线论坛提供了一个持续的反馈平台，学生可以在此发表评论和建议，也可以看到其他同学的意见和教师的回应。这种方式不仅促进了学生之间的交流，还增加了反馈的透明度和持续性。论坛可以围绕特定的主题或活动设置，让讨论更加有针对性和效率。

4. 收集意见后的步骤

收集到的所有建议和意见应被系统地整理和分析，以识别常见问题和改进机会。教育者应定期审视这些反馈，开展内部讨论，决定哪些建议是可行的，哪些需要进一步研究或资源投入。实施改进措施后，教育者应向学生通报这些变更，说明学生反馈是如何被纳入决策过程中的，这可以增强学生的参与感和满意度。

通过这些多元化的方法收集改进建议，教育者可以确保第二课堂活动持续更新和改进，更好地服务于学生的学习和发展。这不仅提升了教学活动的质量，也构建了一个开放、互动和自适应的学习环境。

（三）参与度分析

在第二课堂活动中，对学生的参与度进行详细分析是至关重要的，因为这直接关系到活动的吸引力、有效性以及未来的改进方向。通过综合利用出勤率、参与积极性以及活动中的投入程度等指标，教育者可以获得活动对学生吸引力的全面视角，并据此调整教学策略和活动内容，以增强学生的参与和学习成效。

1. 出勤率

出勤率是参与度分析中的一个基本指标，它可以直接反映学生对活动的兴趣和承诺程度。通过跟踪学生的出席情况，教育者可以初步判断活动的吸引力。低出勤率可能表明活动内容不够吸引人或时间安排不便。这些数据可以帮助教育者识别那些需要改进的活动方面，如时间调整、内容更新或宣传方式的改进。

2. 参与积极性

参与积极性涉及到学生在活动中的主动性和热情，这可以通过教师观察报告和同伴评价来进行详细评估。教师可以记录学生在讨论、项目和其他互动环节中的表现，如提问的频率、对话的参与程度以及团队任务中的主动性。这种观察帮助教育者了解学生对活动内容的真实反应和情感投入，从而评估活动的教学效果和参与吸引力。

3. 活动中的投入程度

活动中的投入程度是衡量学生在活动中专注力和持久性的重要指标。这可以通过学生自评问卷来收集数据，问卷中可以包括问题，如"你在活动中感到多大程度的投入？"和"你觉得这项活动与你的学习目标有多大的相关性？"此外，实时的反馈系统也能提供有关学生投入程度的即时数据，如通过电子设备进行的实时反馈和互动。

4. 利用数据指导未来活动

收集到的参与度数据应被用来指导未来活动的计划和改进。通过分析这些数据，教育者可以识别哪些活动最能激发学生的兴趣和参与，哪些活动效果不佳需要调整或替换。此外，这些分析结果还可以用来优化活动的推广策略，确保更有效地达到目标学生群体。

总之，通过综合考勤记录、教师观察报告、学生自评以及其他相关度量指标，参与度分析提供了一种系统的方法来评估和优化第二课堂活动的设计和实施。这种分析不仅帮助教育者提高活动的吸引力和教学效果，还为学生提供了更加丰富和有意义的学习体验。

第三节　评价方法与工具

一、定量评价

（一）量化指标

在第二课堂活动的评价中，设定清晰的量化指标是关键，因为这些指标提供了可量度的数据，使得学生的表现和进步可以被客观地衡量和跟踪。量化指标的设定帮助教育者以一种标准化的方式来评估教学活动的效果，并为未来的教学改进提供了实证基础。

1. 设定量化指标的重要性

量化指标的设定允许教育者从数个维度观察学生的参与和成就，这些维度包括：

（1）活动参与次数：这一指标通过记录学生参与课外讲座、研讨会、工作坊或任何其他第二课堂活动的次数，来衡量学生的活跃度。高频率的参与通常表明学生对活动内容的高度兴趣和积极态度。

（2）项目完成情况：这一指标考察学生在任何给定项目中的表现，包括项目是否按时完成、完成的质量如何以及是否符合或超出了初始的项目要求。通过这些数据，可以评估学生的实践技能和对复杂任务的处理能力。

（3）成绩评分：成绩是评估学生学术成就的传统方法。在第二课堂活动中，通过对特定作业、测验或评估的评分，可以量化学生的学术表现。

2. 量化评价的实施方法

为了有效地实施量化评价，可以采取以下几种方法：

（1）数据收集：系统地收集关于学生参与和表现的数据，如使用学生管理系统记录出勤情况，以及收集和整理评估和项目报告的成绩。

（2）统计分析：运用统计分析来处理收集的数据，以发现参与度与学习成果之间的相关性或趋势。这可能涉及计算平均分数、出勤率和完成项目的时间效率等。

（3）效果反馈：基于收集的数据和进行的分析，向学生提供反馈，指出他们的强项和改进领域。同时，这些反馈也可以用来调整教学内容和方法，以提高教学效果和学生满意度。

例如，可以通过统计学生参与特定讲座或研讨会的次数来评估他们对某一学科领域的兴趣；通过观察项目完成的质量和时间效率，评估学生在实际操作中的能力和效率。

通过这些量化的方法，第二课堂活动的评价不仅为教育者提供了一种准确衡量学生学习成果的工具，也帮助学生了解自己的学习进展，从而更好地指导他们的学习方向和努力重点。

（二）数据分析

在第二课堂活动中，对收集的数据进行细致而系统的分析是确保评价结果客观性和准确性的关键步骤。利用先进的统计软件和数据分析工具可以深化教育者对活动效果的理解，并提供实证基础用于未来教学活动的改进和策略调整。

1. 描述性统计

描述性统计是数据分析的基础，它包括计算平均数、中位数、标准差等统计指标。

这些基本的统计量可以快速概括数据的一般特征，比如学生参与活动的平均频率，或成绩的分布情况。描述性统计为进一步地深入分析提供了基础，帮助教育者把握整体的教学状况和学生表现。

2. 趋势分析

趋势分析涉及识别数据随时间的变化模式，这对于跟踪教学活动的长期效果尤为重要。通过趋势分析，教育者可以观察到学生参与度、成绩表现或其他关键指标的变化趋势，从而评估教学改革的效果或识别需要额外支持的领域。例如，如果某一课程改革后学生的平均成绩持续提高，这可能表明改革是有效的。

3. 相关性检验

相关性检验用于探索不同变量之间的关系强度和方向。在教学活动中，这可以帮助教育者理解哪些因素影响学生的学习成果。例如，教育者可能想要了解学生的活动参与度与其最终成绩是否相关，或者某种教学方法与学生满意度之间的关联。通过这种分析，可以更精确地调整教学策略，以提升教学效果。

4. 高级数据分析技术

随着数据分析技术的进步，更复杂的分析如预测建模、聚类分析和因子分析等也开始被应用于教育数据。这些高级技术可以揭示更深层次的数据模式和结构，比如通过聚类分析识别具有相似学习行为和成果的学生群体，或使用预测模型来预测学生未来的表现，从而提前进行适当的教学干预。

通过这些多元化的数据分析方法，教育者不仅能够更全面和深入地理解教学活动的成效，还能够基于数据做出更有针对性的教学调整。这种基于证据的教学方法能够极大地提升教学质量和学生学习的成效，是现代教育实践中不可或缺的一部分。

（三）绩效评分

在第二课堂活动中，绩效评分是衡量学生表现的重要工具，通过对学生在各种评估活动中的成绩进行系统化的评分和排序，可以得到一个客观且统一的表现概览。这种方法不仅有助于量化学生的学习成果，还能为教育者提供明确的数据支持，以优化教学方法和提升教育质量。

1. 设定评分标准

确定绩效评分的第一步是设定清晰、具体的评分标准。这些标准应详细描述所需达到的各级性能，确保所有评估者对何种表现算是优秀、良好或不足有共同的理解。例如，可以为项目完成情况设定如下标准：满分需项目不仅完成且超出要求，中等分数对应完成所有要求，最低分则是未完成所有要求。这样的分级标准有助于减少主观判断的差异，使评分更加公正和一致。

2. 应用于多种评估活动

绩效评分应用于各类评估活动，如考试、作业、项目以及口头报告等。在每种活动中，评分标准可能会有所不同，以适应不同类型活动的特定需求。例如，考试可能更侧重于知识和理解的评估，而项目则可能更侧重于创新、团队协作和实际应用能力的评估。教育者需根据活动的性质调整评分标准，确保评分的适用性和有效性。

3. 评分过程的透明性

为确保评分过程的公正性，所有评分标准和结果应对学生公开。透明的评分过程不仅能增加学生对评价系统的信任，还能激励他们更加主动地参与学习和改进。此外，公开评分标准也有助于学生理解如何改进他们的表现，明确他们在学习过程中需要努力的方向。

4. 评分的反馈意义

绩效评分的最终目的是为学生的学习提供有价值的反馈。通过评分，学生可以清晰地了解自己在哪些领域表现良好，在哪些领域还有提升的空间。同时，这也为教育者提供了调整教学策略的依据，使教学更加针对性和有效性。例如，如果大多数学生在某个具体项目中表现不佳，教育者可能需要重新考虑教学方法或课程内容，以更好地满足学生的学习需求。

综上所述，绩效评分是第二课堂教学活动中一种极其重要的评估工具，它通过提供结构化和量化的反馈，帮助学生和教育者共同推动学习过程的持续改进和优化。

二、定性评价

（一）观察记录

在第二课堂活动中，教师和指导人员的观察记录是进行定性评价的一个关键组成部分。这种观察方法允许教育者从直接的互动和行为表现中捕捉到学生的学习态度、技能应用和团队互动的细节，为更深层次的教学分析和学生发展提供支持。

1. 观察的重点

观察记录应当关注以下几个关键领域：

（1）互动方式：教师应记录学生如何与同伴和教师互动。这包括他们提问的频率、讨论中的积极性以及他们如何响应他人的观点。此外，观察学生是否能恰当地使用专业术语和展示其沟通能力也是很重要的。

（2）参与程度：观察学生在各种教学活动中的参与程度，如实验、小组讨论或案例分析等。记录哪些学生在活动中表现出较高的参与度，哪些学生较为被动，以及可能的原因。

（3）创新表现：评估学生在解决问题时是否能提出创新的解决方案。这包括他们如何应对新的挑战、是否能跳出传统思维模式进行思考，以及他们的解决方案是否具有创造性。

（4）团队协作：在团队活动中，观察学生的角色扮演和贡献度。记录学生在团队中的行为，如领导力的表现、协调其他成员的能力和对团队目标的贡献程度。

2. 观察的方法

（1）实时记录：教师和指导人员应在活动进行时进行实时记录，确保所有关键的观察点都被即时捕捉和记录下来。

（2）视频/音频记录：在允许的情况下，使用视频或音频记录工具可以帮助教师在活动后进行更详细的分析，这对于捕捉学生互动的细节尤为有用。

（3）自我反馈：除了教师和指导人员的观察，还可以要求学生在活动结束后提供自我反馈。这可以通过让学生填写关于他们在活动中的体验和自评的简短问卷来完成。

3. 观察记录的应用

观察记录的结果应被用来调整教学策略和活动设计。教师可以根据观察到的学生表现来识别教学中的强项和弱点，以及学生需要额外支持的领域。此外，这些记录也可以作为学生评价和反馈的依据，帮助学生了解自己的表现并鼓励他们在未来的学习中做出改进。

通过这些详细的观察记录，教师不仅能更准确地评估每位学生的学习成果，还能提供针对性的指导和支持，从而促进学生在第二课堂活动中的全面发展。

（二）反思报告

对学生的典型案例进行深入分析，旨在评估他们在特定活动中的学习历程和个人成长。通过深入剖析学生在项目中的决策过程、问题解决策略以及创新思维，可以更好地理解其学习效果和发展潜力。

在教育过程中，要求学生撰写反思报告是一个极其有价值的做法，尤其是在第二课堂活动中，这种方法能有效地促进学生的自我认知和批判性思维的发展。反思报告不仅帮助学生深入分析和理解他们的学习经历，还提供了一个平台，让他们能够表达对活动各方面的感受和思考。

1. 反思报告的内容

反思报告通常包括以下几个核心部分：

（1）活动描述：学生首先需要描述参与的活动，包括活动的目的、过程以及他们在其中的角色和任务。这为读者提供了背景信息，有助于理解随后的反思内容。

（2）经验总结：在这一部分，学生应详细叙述他们在活动中的具体经历，包括成功的经验和遇到的挑战。这可以帮助学生清晰地认识到自己在活动中的表现和影响因素。

（3）感受与反思：学生需要深入探讨他们对活动的感受以及从中获得的洞见。这不仅包括对活动内容的感受，还应涉及到他们对自身表现的评价以及对活动组织和结果的思考。

（4）批判性分析：在这一部分，学生应运用批判性思维分析活动的各个方面，识别可以改进的地方，并提出具体的建议。这表明了学生能够超越表面的描述，进行深层次的思考和评价。

（5）未来的计划：学生应反思这些经验如何影响他们的未来学习或职业生涯，包括他们打算如何应用在活动中学到的技能和知识。

2. 反思报告的重要性

撰写反思报告的过程本身就是一个学习和成长的机会。它促使学生从参与者转变为分析者，帮助他们从更广泛的视角审视自己的行为和决策。此外，这种自我反省的过程是自我认知发展的关键，能够增强学生的自我监控和自我调整能力。

3. 教育者的角色

教育者应鼓励学生诚实和详尽地完成反思报告，并提供具体的指导和反馈。通过审阅这些报告，教育者可以更好地理解学生的个人需求和感受，从而调整教学策略和活动设计，以更好地支持学生的学习和发展。

总之，通过要求学生撰写反思报告，第二课堂活动不仅能够达到教学目标，还能深化学生的学习体验，促进他们在多个层面上的成长。这些报告不仅是评估学生批判性思维和自我反思能力的工具，也是促进教育者和学生之间更深入交流和理解的桥梁。

三、综合评价

（一）多元评价主体

在第二课堂活动的综合评价中，纳入多元评价主体的观点是至关重要的。通过结合教师、学生以及外部专家的反馈，可以确保评价过程的全面性和多维度，从而得到更加全面和深入的评价结果。这种多角度的评价方法不仅增强了评价的客观性，还能提供更多维的改进点和发展方向。

1. 教师的角度

教师作为教学活动的直接执行者，对学生的学习进程和成果有着深刻的了解。他们可以从教学目标的达成、学生的参与度以及课程内容的适宜性等方面提供专业的反馈。教师的评价往往注重学生的学术表现和课程目标的实现，这为评价体系提供了教学和学术成果的重要视角。

2. 学生的角度

学生是教学活动的直接受益者，其反馈对于评价教学效果至关重要。学生可以从个人体验出发，评价活动的兴趣性、难易程度、互动性以及所带来的学习成效。通过学生的视角，教育者可以了解教学活动在学生中的受欢迎程度和实际影响，从而对教学内容和方法进行必要的调整和优化。

3. 外部专家的角度

外部专家，如其他学校的教师、行业专家或教育评估专家，他们可以提供第三方的、客观的评价。这些专家通常侧重于评估教学活动的创新性、符合教育标准的程度以及与行业需求的对接。外部专家的反馈可以帮助第二课堂活动达到更高的教育质量和更广泛的行业认可。

4. 结合多元视角的优势

通过整合这些多样化的视角，综合评价能够捕捉到从单一来源可能忽视的方面。这种评价方法不仅增强了评价的全面性和深度，也使得评价结果更加可靠和有说服力。此外，多元评价主体的参与还增加了评价过程的透明度和公正性，促进了各方对教学活动的认同和支持。

综上所述，多元评价主体的综合评价是确保第二课堂活动评价效果公正、全面的重要策略。通过广泛收集并利用来自不同角度的反馈，教育者可以更全面地理解和提升教学活动的质量，更好地满足学生和社会的需求。

（二）混合评价方法

在第二课堂活动的评价中，采用混合评价方法结合定量和定性评价手段是确保评价全面性和深入性的关键策略。这种方法能够有效地平衡分数和数据带来的直观性与个人体验和过程观察带来的深度，从而为教育者和学生提供一个多维度的评价视角。

1. 定量评价的作用

定量评价主要依赖于可量化的数据，如测试成绩、出勤率、完成任务的数量等。这些数据提供了一个客观的基准，可以用来衡量学生达到学习目标的程度和学习活动的效果。定量数据的优势在于其清晰、易于比较和标准化，使得评价结果具有高度的一致性和可比较性。

2. 定性评价的重要性

定性评价则侧重于收集关于学生的行为、态度、参与程度以及他们对学习经历的个人感受的信息。这包括教师观察、学生反思、同伴评价以及学生的自我评价报告。定性评价强调过程的观察和个体的体验，提供了学生学习过程中不易量化的细节，如学生的创造力、团队合作能力、批判性思维以及解决复杂问题的能力。

3. 结合的优势

混合评价方法将这两种评价方式结合起来，既利用定量方法的客观性和规范性来确保评价的可靠性，又借助定性方法的丰富性和深入性来捕捉学生的全面发展情况。这种结合使得评价结果不仅反映了学生在数字化标准测试中的表现，同时也反映了他们在实际操作和日常互动中的表现。

例如，一个项目的定量评价可能显示大多数学生在技术技能上达到了预定标准，而定性评价则可能揭示学生在项目中展现出的创新思维和团队协作能力。通过这些信息，教师可以得到更全面的反馈，帮助学生在技术技能之外的领域如创新和合作等进行更有针对性的提升。

4. 实施策略

实施混合评价方法时，教育者需要确保两种方法的平衡和整合。这可能涉及调整评价工具和流程，确保定量数据的收集与定性观察同样被重视，并且在分析和反馈阶段得到充分利用。同时，教育者应通过定期培训和研讨会来提升教师的评价能力，确保他们能有效地执行和整合混合评价方法。

综合运用定量与定性评价方法，第二课堂活动的评价可以更全面地反映学生的学习成果和发展过程，为学生的个性化发展提供支持，同时为教育者提供关于教学策略和内容改进的宝贵信息。这种混合评价方法不仅提高了评价的效度和可靠性，也增强了评价的教育意义和实际应用价值。

（三）反馈与改进

在教育评价体系中，反馈与改进的过程是至关重要的。评价的目的不仅是为了给学生的表现打分或进行分类，更重要的是通过有效的反馈机制来促进学生的持续发展和学习。这种反馈应具体、及时，且能够针对学生的个别需要提供支持，从而使他们能够在未来的学习中取得更大的进步。

1. 详细的个性化反馈

提供详细的个性化反馈是反馈过程的核心。这种反馈应详细说明学生在哪些方面表现出色，哪些方面需要改进，以及如何进行改进。例如，如果一个学生在团队项目中展示出优秀的协调能力，反馈应强调这一点，并鼓励学生在未来的活动中继续发挥这一优势。同时，如果学生在数据分析能力上存在不足，反馈则应提供具体的建议，如参加相关的工作坊或进行额外的练习。

2. 定期的评价周期

定期的评价反馈周期确保学生和教师可以持续追踪进展并进行调整。这可能意味着在学期中间和结束时进行正式的评估，以及在关键的学习阶段提供即时反馈。通过这种方式，学生不必等到课程结束才了解自己的表现，而可以及时获得必要的指导和支持，帮助他们在学习过程中进行适当的调整。

3. 教育者的角色

教育者在反馈与改进过程中扮演着关键角色。他们不仅需要根据评价结果提供反馈，还需根据学生的表现和反馈结果调整教学策略和课程设计。这可能包括改变教学方法，引入新的学习材料，或调整课程难度。教育者应采用反馈作为一种工具，以增强教学的有效性和针对性，确保每个学生都能在其学习旅程中得到最大的支持。

4. 反馈的形式

有效的反馈可以采用多种形式，包括书面反馈、一对一会谈、电子邮件以及互动的在线平台。选择哪种形式取决于反馈的内容、学生的偏好和可用的资源。无论采用哪种方式，关键是确保信息传达清晰，并且学生能够从中获得具体的学习和改进的方向。

通过建立一个全面的评价和反馈系统，教育过程能够不断优化，学生的学习体验也将因为感受到持续的关注和支持而更加积极和有效。这种持续的反馈和改进机制不仅提高了教学质量，还能够激励学生追求卓越，充分发挥他们的潜能。

通过这一科学、公正和激励的评价体系构建，高校第二课堂教学评价体系将能够有效地评估学生的学习效果和技能发展，激发学生的参与积极性，推动第二课堂教学的持续改进和优化。

第七章　第二课堂教学资源的整合与利用

第一节　校内资源整合

在高校第二课堂活动中，有效地整合校内资源是提高教育效果和学生参与度的关键。通过系统的规划和执行，教育者和管理者可以更好地利用这些资源来增强教学活动的吸引力和实效。

一、资源识别和评估

（一）现有资源调查

为了有效整合校内资源支持第二课堂活动，进行全面的现有资源调查是第一步。这个过程涉及对学校物理空间、技术设备和人力资源的详细审查和评估，以确保资源的最优配置和使用。

1. 物理空间

物理空间的优化是开展高校第二课堂活动的基石，因此，进行全面而详细的资源调查以评估学校内所有可用物理设施成为必不可少的步骤。这项调查涵盖了对教室的数量、尺寸、座位容量及其多媒体设备配置情况的详尽记录；对实验室的设备完整性、安全性及其支持的科研或教学活动类型的深入检查；以及对会议室的音视频设施和空间布局的评估，确保其适宜性以支持小组讨论或研讨会。通过这一系列的评估，不仅能够查明各种设施的当前使用状况和频率，还可以帮助学校管理者收集关于如何提升资源利用效率的关键数据，为未来的活动空间规划和资源配置提供科学依据。这不仅有助于确保资源的最优配置，还能显著提高学生的参与度和活动的整体效果。

2. 技术设备

第二课堂活动越来越依赖于现代技术设备来提升教学效果和增加学生的参与度，因此，对学校内的现有技术设施进行详细的盘点和评估显得尤为重要。这种评估工作需要包括对计算机硬件的数量、具体配置、更新状态以及它们在校园中的具体部署位置的全面记录。同时，还应详细清点用于教学和研究的所有专业软件，包括检查它们的许可证状态和版本信息，确保这些软件能够完全满足教学需求。此外，对于学校所使用的在线学习平台，如学习管理系统（LMS），也需评估其功能性、用户界面的友好程度以及技术支持情况，以确保这些平台能够有效地支持教育活动。通过这种全面而细致的技术设备检查，可以确保所使用的技术不仅是最先进的，而且完全符合学校目前及未来发展的教学需求。这不仅有助于提高教学质量，也能确保学生能够充分利用这些技术资源，从而更好地参与和受益于第二课堂的教学活动。

3. 人力资源

人力资源在实施高校第二课堂活动中起着至关重要的作用。为确保这些资源得到最有效的利用，进行详细的资源调查是必不可少的步骤。这包括对所有教师的教学领域、专业技能和当前教学负担进行全面的列举和评估，确保他们能够根据自身专长和时间安排参与相应活动。同时，应评估辅导员的数量和专业背景，了解他们在指导和支持学生方面的能力，以及他们在日常学生活动中的实际作用。此外，还需要识别与学校有合作关系的行业专家，这些专家不仅能提供专业的资源和知识，还能带来行业视角，为学生提供更广阔的学习和发展机会。通过这样的评估，学校可以更精确地安排这些资源的参与，从而优化人力资源配置，增强教学互动，提升第二课堂活动的整体教学质量，确保这些活动能够实现预期的教育目标，同时提供给学生更丰富、更高效的学习体验。

通过这一详尽的现有资源调查，学校可以获得一个清晰的资源利用图景，为进一步的资源整合和优化提供坚实的基础。这不仅有助于提高资源的使用效率，还能显著增强第二课堂活动的教育效果和学生的整体体验。

（二）需求分析

为了确保第二课堂活动的成功实施，进行详细的需求分析是至关重要的。这一过程涉及对活动所需的各类资源进行明确和具体的评估，以确保所有必要的支持都能得到充分的准备和优化利用。

1. 活动需求

为确保第二课堂活动的成功实施，我们需要对各类资源进行细致且具体的需求分析。首先，关于物理空间，必须评估不同类型的空间—如教室、实验室和会议室—的尺寸和类型以及必要的特定设施配置，例如多媒体设备和适应特殊教学需求的布局。这不仅涉及空间的功能性，也包括其容纳能力和技术兼容性，确保所有活动都能在适宜的环境中进行。

技术需求的评估则涵盖了计算机硬件的性能和数量，专业软件的适用性和兼容性，以及必要的网络支持，确保所有技术设备都能满足现代教学的需求。此外，对于可能需要的在线学习平台，我们需要考虑其用户友好性、功能丰富性以及技术支持情况，以便在需要时提供无缝的远程教学支持。

在人力资源方面，精确地列出所需的教师、辅导员及行业专家，并对他们的专业技能和参与程度进行详尽评估，是至关重要的。这包括但不限于他们的教学经验、专业领域知识以及与学生互动的能力，确保每位参与者都能为学生提供最大的学习支持。

通过这样全面的资源需求评估，我们不仅可以确保第二课堂活动的资源需求得到满足，还可以优化资源配置，提升资源使用效率，从而更有效地支持教学目标的实现，增强学生的学习体验和成果。这种策略性的资源管理不仅提高了教育活动的质量，还为未来可能的教学挑战提供了预备支持，确保教育活动能持续适应教学需求和学术目标的演变。

2. 优先级设定

进行需求分析时设定优先级是至关重要的，因为它确保了资源的分配能够直接支持教学目标并最大化资源的使用效率。在这个过程中，关键的措施包括核心与非核心资源的区分和资源分配策略的制定。

（1）核心与非核心资源区分

首先，必须明确哪些资源是实现活动目标不可或缺的，这些通常是直接影响教学质量和学习成果的关键资源。例如，对于实验性或技术性课程，专业实验设备和具有高级专业知识的教师是核心资源。而对于一些增强体验的元素，如多媒体工具、附加的讲座或研讨会，尽管它们可以丰富教学内容和学生体验，但可能被视为非核心资源。区分这些资源可以帮助教育机构更精确地投入其有限的资源，确保最关键的需求得到满足。

（2）资源分配策略

在明确了核心与非核心资源后，接下来的任务是制定具体的资源分配策略。这意味着需要根据资源的重要性来安排预算和调度计划。优先级的设置应确保所有关键资源—如主要教学空间、核心教学设备和主讲教师—都在必要时可用，从而保证教学活动能够顺利进行。同时，对于那些被视为非核心的资源，应根据其对教学活动的实际贡献进行合理调配，这样不仅能保证这些资源的有效利用，也避免了在紧张的预算条件下的不必要开支。

通过这样细致的优先级设定，教育机构能够确保资源配置的最优化，不仅提升了教学效率，也增强了资源使用的经济性。这种策略性的资源管理不仅有助于实现当前的教学目标，还为应对未来可能的教学挑战和变化提供了弹性和准备，从而使教育活动能够持续适应发展需求和教学目标的演进。

3. 资源缺口识别

在第二课堂活动的资源规划过程中，识别并解决资源缺口是确保活动成功的关键步骤。这一过程涉及两个主要环节：缺口识别和紧急度评估，它们共同帮助教育机构精确定位资源短缺并进行有效管理。

（1）缺口识别

缺口识别是通过比较已有资源的调查结果与第二课堂活动的详细需求分析来进行的。这一步骤的目的是明确哪些必需的资源当前不可用或数量不足，从而可能影响活动的实施。例如，如果某门科学课程需要特定的实验设备而学校当前的设备数量不足以支持所有学生，这就构成了一个明显的资源缺口。同样，如果发现教师特定领域的专业技能不足以满足教学需求，也需要被识别为关键资源缺口。

（2）紧急度评估

识别资源缺口后，下一步是对这些缺口进行紧急度评估。这一评估的目的是确定各个缺口对教学活动影响的程度，并据此确定解决的优先级。紧急度评估考虑的因素包括缺口对学生学习成果的直接影响、解决难度以及可能的替代方案。对于那些对教学影响最大且无可替代资源的缺口，应优先投入资源以尽快解决。例如，如果缺乏足够的计算机资源可能导致整个计算机科学课程无法顺利进行，那么这一问题的解决应被视为高优先级。

通过系统地识别和评估资源缺口，教育机构能够更有效地分配有限的资源，确保关键领域得到及时强化。这不仅有助于优化资源利用，还能显著提高教学活动的质量和学生的学习体验，从而达成教育目标和提升整体教育效果。这种策略性的资源管理为教育机构提供了一种保障教学质量和持续改进的有效途径。

二、资源整合策略

（一）跨部门合作

为了最大化资源利用并提高第二课堂活动的效率，建立跨学院和部门的合作机制至关重要。这种合作不仅有助于共享关键资源，还可以促进知识和信息的流通，同时减少因资源重复配置而造成的不必要投资。

1. 合作机制

建立有效的跨部门合作机制是确保资源最优化利用的关键步骤，这需要各学院和部门之间达成共识，明确共享的目标和预期的成果。首先，需要通过制定详尽的合作协议来具体化合作的细节，这包括确定哪些资源将被共享，资源共享的具体范围，以及如何分配各方在管理和维护中的责任。协议还需要明确各方在合作中的权利和义务，确保每个部门的利益都得到妥善处理。

例如，合作协议中可以规定，工程学院的高级实验设备在晚上和周末可以对文学院的研究项目开放，支持其跨学科的研究需求。这不仅增加了设备的使用率，也促进了不同学科之间的知识交流和合作。

此外，合作协议中还应包括一套完整的信息共享机制，这是合作成功的关键。这一机制应确保所有参与方能够实时接入共享资源的状态信息，如使用时间表、维护记录和性能评估报告。通过这种信息透明化，各部门可以更有效地计划自己的活动，及时调整资源使用计划，从而最大化资源的整体效益。

通过这种系统的合作机制，不仅可以提高资源利用效率，还能够在不同学科之间建立更紧密的合作关系，共同推动学术研究和教育教学的发展。这种机制的成功实施，将使得整个教育机构能够更加灵活和有效地应对各种教学和研究的需求，进一步提升教育质量和学术水平。

2. 项目协调团队

确保校内合作机制有效执行和资源共享最优化，设立一个跨部门的资源协调团队是关键。该团队由不同学院的管理人员、技术支持人员及行政人员组成，负责全面监控资源共享的实施过程，确保每一步都按计划进行。

团队需要密切监控资源共享的各个阶段，确保所有活动都符合预先设定的标准和时间表。这包括监督资源的分配、使用情况以及归还，确保资源能够高效流转且按需重新配置。在资源共享过程中，难免会遇到技术故障、调度冲突或人员协调问题。资源协调团队需快速识别这些问题并提供实际的解决方案，从调整资源分配策略到修复技术问题等，以减少对教学和研究活动的影响。团队还负责定期评估资源共享和合作的成效，通过收集和分析数据来衡量资源利用率、用户满意度以及合作带来的教学和研究成果。这些评估有助于进一步优化资源管理策略，提高资源使用效率。团队确保所有参与方均平等地访问和使用共享资源。通过建立公正透明的规则和程序，团队促使资源分配既公平又符合各方的需求。

（二）团队的合作与沟通

资源协调团队成员之间的沟通至关重要，团队应定期召开会议，不仅讨论操作中的问题和挑战，还要分享成功的经验和实践。此外，团队也应使用协作软件或项目管理工具来维护任务列表、进度更新和文档共享，确保信息的及时更新和传递。

通过这样全面的资源协调和管理，学校不仅能够提升教育和研究的质量，还能确保资源得到最有效的利用。团队的努力将直接影响学校运营的效率和成本效益，为所有学院和部门创造更大的价值。

通过这种跨部门合作和专门的项目协调，学校能够更有效地管理和利用现有资源，促进不同学科和部门间的协同效应，提高教学和研究活动的质量。此外，这种合作还能够激发新的教育创意和研究方向，为学校带来更大的战略价值。

（三）资源共享平台

为了实现资源的高效管理和优化利用，开发一个内部资源共享平台是极其重要的。这个平台将作为学校内部各部门和学院之间共享和管理资源的中心枢纽。

1. 建立平台

开发的资源共享平台应该包括几个关键功能以增强其实用性和效率：首先，一个在线预订系统，它允许用户方便地查看并预订各种资源，如教室、实验设备和会议空间。该系统应详细显示每项资源的状态、可用时间段及任何特定使用条件，确保用户能够根据自己的需求做出明智的预订决策。其次，一个资源使用反馈系统，让用户在使用资源后可以反馈其体验，包括任何操作上的问题或对改进的具体建议，这不仅有助于保持资源的最佳状态，还提供了宝贵的数据以帮助管理者优化资源配置和进行必要的服务升级。这两个系统的结合将大大提升资源的管理效率和用户满意度，促进资源的高效使用和维护。

此外，平台还应集成日历管理工具，允许用户和管理者轻松跟踪资源的预定情况和使用历史，确保资源的最大化利用和避免重复预定。

2. 使用规则

为确保资源共享的公正性和效率，制定一套清晰且全面的使用规则至关重要。这些规则旨在保证所有利用者都能公平地访问到需要的资源，并确保资源的高效使用。

（1）公平分配原则

按照公平分配原则，所有资源请求应根据提交的顺序进行处理，这确保了处理过程的透明性和公正性。对于具有特殊需求的情况，我们可以依据事先设定的优先级做出调整，以应对紧急或特殊的资源需求。此外，在资源需求高峰期，合理的使用限制将被施加，如限制连续使用时间，以确保更多的用户能够访问到这些资源。这种方法不仅促进了资源的公平使用，还避免了资源的过度集中。

（2）高效利用政策

高效利用政策要求用户在预订资源后必须在约定的时间内使用这些资源，以减少资源闲置的情况。如果用户未能按时使用预订的资源，必须及时释放预订，以便其他用户能够重新预订和使用。此外，对于那些需要长期或重复预订的资源请求，将进行严格的审核过程，以确保这些预订的必要性和合理性。这不仅帮助管理者更好地理解资源的使用模式，还有助于调整资源分配策略，优化资源管理。

总之，这些精心设计的规则和政策不仅保证了资源的公平和高效使用，还提高了整个资源管理系统的透明度和可信度，从而支持了教育和研究活动的广泛和公正的进行。

三、技术支持与创新

（一）技术整合：开发智慧校园系统

1. 智慧校园系统的定义

智慧校园系统是一种利用现代信息技术，特别是互联网、大数据、人工智能和物联网技术，来优化教育资源管理和学生学习体验的综合系统。该系统旨在通过技术手段，实现校园管理的自动化和智能化，提高校园内部的运行效率，同时增强学生的学习和生活体验。智慧校园不仅关注课堂学习的数字化，更广泛地涉及到第二课堂活动的智能化管理和服务，如社团活动、体育赛事和文化交流等。

2. 智慧校园系统开发的主要目标

智慧校园系统的开发主要目标是通过技术增强学生在第二课堂活动中的参与度，同时优化校园资源配置，并全面提升教育质量与管理效率。该系统致力于创造一个充满互动与个性化元素的学习环境，能够根据学生的个人兴趣和他们参与过的历史活动，智能推荐符合其需求的课外活动。这不仅使学生能够更容易地找到他们真正感兴趣的领域，也大大提高了参与的自主性和动力。

此外，智慧校园系统通过实时监控技术和深入的数据分析功能，有效管理校园的各类资源，如教室使用、设备维护和活动空间分配。系统能够分析当前资源使用情况，并预测未来的需求趋势，从而提前调整资源配置，确保各类资源被最优化利用，减少浪费。

系统还整合了教育教学资源，提供了丰富的数据支持，帮助教师和管理者更准确地了解学生的需求和偏好。这种数据驱动的洞察使得教学策略和活动设计更加科学和有针对性，促进教育活动的质量提升。通过这些策略，智慧校园系统不仅提高了教育的效率，还增强了学生的学习体验和满意度，为现代教育环境的发展设立了新的标准。

3. 智慧校园系统架构

智慧校园系统的架构通常包括以下几个层面：

（1）数据层：负责收集和存储来自校园各个角落的数据，如学生信息、教室使用情况、活动参与数据等。

（2）应用层：包括各种应用程序和服务，如学生信息系统、资源预约系统、活动管理系统等，这些都直接与用户（学生、教师、管理人员）交互。

（3）网络层：确保所有的数据和信息能够安全、快速地在系统内部流通。这包括校园内的局域网络和更广泛的互联网连接。

（4）分析和服务层：使用大数据分析和人工智能技术来提供洞察力，推动决策制定和个性化服务。例如，通过分析学生对活动的参与度和反馈，系统能够提出改进活动的建议。

（二）基于智慧校园系统创新教学方法

智慧校园系统通过集成先进的技术，不仅优化了传统的教学环境，还为创新教学方法提供了广阔的平台。这些教学方法能够更好地适应学生的学习需求，增强他们的学习动力和参与度。

1. 翻转课堂

翻转课堂模式是一种革新的教学方法，在智慧校园环境中得到了广泛应用。通过这种模式，传统的课堂动态被颠倒，学生在课前通过在线平台观看讲座视频和阅读材料，而课堂时间则用于讨论、实验和解决实际问题。这种方法利用了智慧校园的数字资源，如在线视频和互动教学工具，使学生可以在课堂外自主学习，从而在课堂上更积极地参与讨论和实践活动。这样不仅提高了学生的主动学习能力，还使他们能够更深入地理解和应用知识。

2. 协作学习

协作学习在智慧校园中通过在线协作平台得以实现，使学生无论身在何处都能共同完成项目和讨论。这些平台提供了共享文件、实时讨论和视频会议功能，极大地促进了学生之间的互动与合作。通过团队合作解决问题和共同完成任务，学生可以学习到团队协作的重要性，并在实际应用中提高其沟通和解决问题的能力。此外，团队成员之间的互助也有助于提升个人和集体的学习效果。

3. 项目式学习

项目式学习是一种以解决实际问题为中心的学习方法，在智慧校园的支持下，这种方法更加高效。学生利用学校提供的丰富资源，如在线数据库、模拟软件和项目管理工具，来设计和实施他们的项目。这种学习方式鼓励学生将理论知识应用于现实世界的问题，从而深化理解并发展实际技能。智慧校园通过提供技术支持和资源，极大地促进了项目式学习的实施。

4. 游戏化学习

游戏化学习通过引入游戏设计元素，如积分系统、等级和挑战，使学习过程更加引人入胜和动机驱动。智慧校园环境通过集成游戏化平台和工具，如模拟游戏和互动测验，使这种方法成为可能。游戏化不仅使学习过程更加有趣，而且通过竞争和奖励机制提高了学生的参与度和动机，从而促进了更深入的学习和更好的学习成果。

通过这些创新的教学方法，智慧校园不仅增强了学生的学习体验，还提高了教学效果，使学习过程更加个性化和互动。这些方法的实施不仅依赖于技术的支持，也需要教师和学校管理者的积极参与和适应。

四、校园文化与环境优化

（一）支持性环境

1. 创新中心建设

（1）设立创新实验室

为了推动科研和技术发展，高校应构建多功能实验室，这些实验室应配备先进的科研设备，从基础科学仪器到高级计算资源。高效的科研环境不仅需要现代化的设备，还需提供适宜的研究氛围，这包括灵活的工作空间以及促进跨学科交流的设计。通过这种设施的建立，学生和教师可以进行前沿的科研项目和技术开发。例如，生物技术、人工智能和可持续能源等领域的创新研究都可以在这样的环境中得到加强。

设立创新实验室的初衷不仅是为了提供必要的技术设备，还包括创建一个能够激发创意和促进问题解决的学习环境。学生在此可以通过实践学习深化理论知识，这种经验通常在传统课堂设置中难以获得。此外，实验室也应支持开放访问政策，允许学生自主选择研究时间，灵活安排实验进度，这种灵活性显著提高了学生的参与感和创新意识。

同样重要的是，这种设施还应该支持教师的研究和教学创新。教师可以利用实验室的资源开发新的教学模块和实验设计，使课程内容更加生动和实用。通过与学生的直接互动和项目指导，教师能够更好地评估和调整教学策略，同时也为学生提供了接触实际研究的机会。

综上所述，创新实验室的建设不仅增强了学生的实践能力，还促进了教师的教学和研究创新。这种双向的促进效应对于提高教育质量和学术研究的深度具有重要意义。通过这些先进的设施，高校能够在科学研究和技术创新的前沿保持竞争力，同时为学生的未来职业道路奠定坚实的基础。

（2）项目中心的建立

项目中心的设立旨在鼓励学生通过实际操作来学习和解决问题。这一创新的教育模式通过创建以项目为基础的学习中心，使学生能够直接参与到实际问题的解决过程中。尤其是在工程、商业和设计等多学科领域，这种教学方法尤为重要，因为它模拟了真实世界中跨学科团队的工作环境，让学生在学术背景下体验真实的工作场景。

在项目中心，学生不仅学习理论知识，更重要的是应用这些知识来解决具体问题。例如，在工程项目中，学生可能需要设计和构建一个机械设备来解决特定的工程问题；在商业项目中，学生则可能要开发一种新的商业策略，解决市场营销的挑战；而在设计项目中，学生则需要创造性地解决用户体验或产品设计的问题。

通过这种模式，学生能够从各个学科中吸取知识和技能，如科学分析、数学建模、艺术创造和商业理论，然后将这些知识综合应用到项目实践中。这种跨学科的合作模式不仅提高了学生解决复杂问题的能力，也极大地促进了团队协作和沟通能力的发展。

此外，项目中心也为学生提供了一个展示他们创造力和创新思维的平台。在这里，学生可以自由地探索和实验自己的想法，同时也能够接触到来自不同背景的同学和教师的观点和建议。这种开放和协作的学习环境是培养未来创新者和领导者的理想场所。

综上所述，项目中心的建立不仅能够增强学生的学术知识和实际操作能力，更重要的是，它能够培养学生的综合能力和团队协作精神，为他们将来在多变的工作环境中取得成功奠定坚实的基础。通过这种教育模式的推广，高校可以有效地准备学生面对未来社会和职业挑战的能力。

（3）提供资金和资源支持

资金和资源的确保是创新活动成功的关键因素。高校应从创新中心的筹建阶段就确保有充足的经济支持，这包括不仅限于直接的资金投入，还应包括设备、软件许可和专业人员的培训等资源。此外，高校还应通过与企业和行业的合作，为学生提供将理论应用于实践的机会，这种合作通常表现为实习、研发项目和工作坊等形式。

通过与行业的合作，学生能够直接参与到实际业务和技术操作中，这不仅可以极大地丰富他们的学习体验，还可以增强他们解决实际问题的能力。例如，学生可以参与到公司的实际项目中，应用他们在课堂上学到的知识和技能，从而更好地理解这些知识和技能的实际应用价值。

此外，企业参与教育过程可以帮助课程设计者了解行业最新的需求和趋势，从而调整和优化课程内容，确保教育的前瞻性和实用性。这种教育与行业的紧密结合不仅提高了课程的吸引力，还有助于学生的就业前景，因为他们已经具备了市场所需的实际工作经验和技能。

为了维持这种合作关系的活力和生产力，高校还应设立专门的机构或部门来管理与行业的关系，包括合作协议的签订、项目的协调以及资金和资源的管理。这可以确保合作项目的顺利执行，同时也保障双方的利益和投资回报。

总之，通过为创新中心提供充足的资金和资源支持，高校不仅能够促进学生的实践学习，还能够提升教育的质量和相关性，最终培养出能够满足未来社会和职场需求的高素质人才。这种投入不仅是对学生未来的投资，更是对社会整体创新能力提升的重要推动。

2. 环境优化

（1）改善休息区

学习环境的优化不仅限于教室和实验室。舒适的休息区域可以为学生提供一个放松和进行非正式交流的空间，这是促进学生整体福祉和学术成就的重要因素。通过设计配备休闲家具和绿植的室内休息区，学校可以创造一个有利于思考和创意的环境，帮助学生在繁重的学术压力中找到平衡。

这些休息区不仅仅是放松的场所，它们也是学生能够进行非正式学习和思想交流的重要场地。例如，舒适的沙发和靠椅可以让学生在课间或学习后休息，而桌面空间则允许学生进行小组讨论或独立学习。此外，增设绿植不仅美化了空间，还能改善室内空气质量，创造一个更加健康和愉悦的学习环境。

除了家具和植物，休息区的设计还应考虑到光照和色彩。自然光或柔和的人造光可以显著提高空间的舒适度，而温馨的色彩配色则有助于减轻学生的压力和焦虑。此外，提供充电站和高速 Wi-Fi 接入点等设施也极大地增加了休息区的功能性，使学生可以在此使用电子设备进行学习或休闲活动。

进一步地，学校可以在休息区设置艺术作品和文化元素，如墙画或雕塑，这不仅增添美观，也可以激发学生的创意思维。通过这样的环境设计，休息区域成为学生在紧张的学习之余，可以自由思考、交流和恢复精力的理想场所。

总之，优化休息区域的目的在于提供一个多功能空间，既能满足学生放松休息的需求，也支持他们的学术活动和社会交往。通过这种方式，学校能够有效地支持学生的身心健康，促进其学术和个人成长。

（2）团队作业区优化

为了更好地促进学生之间的合作与信息交流，高校应增设团队作业区。这些区域应配备必要的技术支持和会议设施，如投影设备、白板和音频系统，确保学生在完成团队项目时能够高效交流。团队作业区的设计和设施配备应旨在提供一个多功能和灵活使用的环境，支持各种类型的团队活动和学术需求。

首先，团队作业区的物理布局应该是开放和模块化的，允许空间根据团队的大小和项目需求进行灵活配置。可移动的家具，如轮椅桌子和分隔板，可以帮助学生根据需要自由地改变布局，从而支持不同的合作模式和讨论形式。此外，充足的自然光和良好的室内照明也非常重要，可以创造一个愉悦的工作环境，减少视觉疲劳。

技术设施方面，除了基本的投影设备和白板，团队作业区还应该配备先进的技术工具，如高速互联网连接、多媒体播放设备和视频会议系统。这些技术工具不仅支持学生进行面对面的交流，还方便远程交流和国际合作，特别是对于那些涉及远程团队成员的项目。

音频系统也应被考虑纳入整体设计中，以确保在团队讨论中每个成员的声音都能被清楚地传达，特别是在较大的团队作业区或声音环境复杂的情况下。此外，学校可以考虑提供录音设备和其他辅助工具，如智能笔记应用和协作软件，这些工具可以帮助学生记录会议内容和共享资料，提高团队工作的效率。

最后，为了确保团队作业区的有效运作，高校应提供定期的维护和技术支持。这包括对设备的定期检查和更新，以及提供技术人员在现场解决突发问题。通过这些措施，高校能够确保团队作业区始终保持功能齐全，支持学生的学习和合作需求。

通过这样全面的设计和支持，团队作业区将成为高校中促进学生合作、创新和有效沟通的关键环境。这不仅有助于提升学生的团队合作能力，也为他们将来在职业生涯中的团队工作打下坚实的基础。

（3）技术整合

为了支持现代教育的多样化需求，高校应在校园各个角落提供高速无线网络接入和充足的电源插座。这种全面的技术整合不仅极大地方便了学生随时随地使用笔记本电脑、平板电脑和其他电子设备进行学习和研究，还确保了无论学生身处校园的哪个位置，他们都能无缝连接到学习资源和在线平台。

首先，高速无线网络的覆盖应不仅限于教室和图书馆，还应扩展至校园的公共区域、休息区、食堂、户外学习空间等。这一举措允许学生在更灵活的环境中进行学习，无论是利用碎片时间查阅资料，还是在放松的同时进行轻松的学术讨论。尤其是在需要远程参与课程或进行在线考试时，稳定且高速的网络连接是确保学习质量的关键。

此外，充足的电源插座配置同样至关重要。随着电子设备成为学生学习的重要工具，能够随时为这些设备充电就显得尤为重要。电源插座不仅应遍布教室和图书馆的学习区，还应延伸至所有公共空间，如咖啡厅、休息区以及户外学习区域。这不仅提升了学生在校园内的学习体验，还减少了他们因设备电量不足而中断学习的困扰。

为了进一步优化技术整合的效果，高校还应考虑建立一个中央技术支持系统，以实时监控和管理网络和电力供应。这可以确保问题能够迅速得到解决，最大程度减少因网络或电力故障而对学习造成的影响。学校还可以提供在线平台，允许学生报告技术问题，并及时获取支持服务。

此外，高校应积极更新和升级其技术基础设施，以适应不断发展的教育技术需求。这可能包括提高网络带宽、引入最新的无线技术标准（如 Wi-Fi 6）以及更新电力管理系统，以提高能源效率和可持续性。通过这些持续的改进，学校可以确保技术设施始终处于最佳状态，满足学生和教师不断变化的需求。

最后，技术整合的成功还依赖于教育和引导学生如何高效使用这些资源。学校可以通过培训课程或在线指南，帮助学生掌握有效的数字学习技能，确保他们能够最大化利用这些技术工具进行自主学习和团队协作。

通过在校园内全面整合技术，高校不仅为学生创造了一个现代化、灵活的学习环境，还大幅提升了教育资源的可及性和使用效率。这种技术支持的学习环境将有助于培养学生的数字素养和自主学习能力，为他们未来的学术和职业发展奠定坚实基础。

通过这些具体措施的实施，高校不仅能够为学生提供一个充满挑战和创新的学习环境，还能显著提高教学质量和学生满意度，最终促进学校的整体教育目标的实现。

（二）文化推广

1. 文化活动

文化活动是高校校园生活的重要组成部分，它不仅丰富了学生的课余生活，也为学生和教师提供了展示才华、交流思想的平台。通过精心策划和实施多样化的文化活动，高校能够营造一个充满活力和创新精神的校园环境，促进学生的全面发展。

（1）校内媒体运用

为了有效传播和推广文化活动，高校应充分利用校内媒体，包括校园广播、校报和在线平台。校园广播可以定期播报即将举行的活动，采访活动的组织者和参与者，分享他们的心得和经验。校报则可以通过深入的报道和评论，展示活动的精彩瞬间，记录师生的创新成果。在线平台，如学校的官方网站、社交媒体账号和学生管理系统，也应成为文化活动宣传的主要渠道。这些平台可以发布详细的活动信息、报名链接、活动回顾和相关视频，为学生提供获取信息的便捷途径，并扩大活动的影响力和参与度。

通过这些媒体的综合运用，文化活动的信息能够迅速传达到校园的每一个角落，吸引更多的学生和教师参与其中。同时，这也为学生提供了一个展示创意和领导力的机会，让他们能够在校内媒体的运营和内容创作中锻炼自己的技能。

（2）组织研讨会

定期举办主题研讨会是高校文化活动的重要环节。这些研讨会可以围绕教育创新、文化多样性、社会责任等主题展开，邀请校内外的专家、学者、行业领袖和有经验的从业者参与分享。通过这些研讨会，学生不仅可以接触到最前沿的知识和观点，还能够与各界人士进行面对面的交流，开阔视野。

研讨会的形式可以多样化，包括讲座、圆桌讨论、工作坊等。讲座可以深入探讨某一领域的最新发展，圆桌讨论则可以为多方观点的碰撞提供平台，而工作坊则可以让学生在实践中学习和应用新的知识和技能。这种多样化的研讨形式可以满足不同学生的学习需求，促进他们在学术和文化方面的全面提升。

此外，研讨会还可以成为学生展示自己研究成果的舞台。通过与专家的互动，学生可以获得宝贵的反馈和建议，进一步完善自己的研究工作。这不仅激发了学生的学术兴趣，也增强了他们的自信心和表达能力。

（3）举办文化活动

除了研讨会，丰富多彩的文化活动也是高校文化建设的重要组成部分。这些活动包括艺术展览、戏剧表演、音乐会、电影放映、读书会等，能够全面提升学生的艺术修养和文化素质。通过策划和参与这些活动，学生可以体验到不同文化的魅力，增强他们的文化认同感和创造力。

艺术展览可以展示学生和教师的绘画、雕塑、摄影等艺术作品，为校园增添艺术氛围。戏剧表演和音乐会则为学生提供了一个舞台展示才华的机会，同时也丰富了校园文化生活。电影放映和读书会不仅是娱乐和放松的方式，也是思想交流和文化传播的平台。

这些文化活动不仅有助于丰富学生的课余生活，还能促进他们的心理健康，增强他们的文化自信。通过参与这些活动，学生能够在多样的文化体验中找到自己的兴趣和特长，培养自己的创造力和批判性思维能力。

总的来说，文化活动是高校文化建设的重要载体，它通过多样化的形式，促进了学生的全面发展。通过校内媒体的推广、研讨会的组织和丰富的文化活动，高校能够营造一个充满活力和创新精神的校园环境，为学生的成长和成才提供有力支持。

2. 激励机制

激励机制在高校文化和学术环境中扮演着至关重要的角色。通过设立有效的奖励制度和认可机制，学校能够激发学生和教师的创新潜力，鼓励卓越的团队合作，并推动校园文化的持续发展。以下是围绕激励机制的几个关键要素的详细阐述。

（1）奖励制度的设立

设立一套全面且多样化的奖励制度是激励机制的核心。为了表彰在创新和卓越团队合作中表现突出的学生和教师，高校应设立各种奖项，如"创新奖""最佳团队奖""杰出贡献奖"等。这些奖项不仅应涵盖学术研究和技术创新，还应扩展到文化推广、社会责任和校园活动组织等领域。

例如，创新奖可以授予那些在科研项目中展现出卓越创新能力的个人或团队，他们可能在新技术开发、产品设计或新方法论的应用中取得了显著成果。最佳团队奖则可以表彰那些在跨学科合作项目中表现出色的团队，他们通过密切协作和资源整合，成功完成了复杂的项目任务。这些奖励不仅是对个人和团队努力的认可，也在整个校园内树立了榜样，鼓励其他学生和教师追求卓越。

此外，奖励的形式应多样化，除了金钱奖励，还可以包括学术资源支持、参加国际会议的机会、出版研究成果的资助等。这种多样化的奖励形式可以满足不同领域和背景的学生和教师的需求，进一步激发他们的动力和创造力。

（2）认可机制的建立

除了具体的奖励制度，建立一套有效的认可机制也是激励措施的重要组成部分。通过颁发证书、奖品和授予学校荣誉称号等方式，高校可以正式认可那些在校园文化推广和资源共享中做出杰出贡献的个体和团队。

这种认可不仅仅是一种荣誉，它还能够在校园内外产生积极的影响。例如，获得学校荣誉称号的个人或团队可以成为校园文化的代言人，他们的成功故事可以通过校内外媒体进行广泛传播，激励更多的师生参与到创新和文化活动中来。证书和奖品不仅是对个人努力的肯定，也是对未来职业生涯的支持，因为这些荣誉可以在学生的简历和职业档案中增添重要的价值。

此外，高校还可以通过设立年度榜单或荣誉墙，将这些杰出贡献者的名字和事迹展示在校园中。这不仅有助于营造一个充满正能量的校园氛围，也能增强获得认可者的自豪感和归属感。

（3）持续跟踪与反馈

为了确保激励机制的长期有效性，高校应建立一个持续跟踪与反馈的机制。这个机制的主要目的是定期评估激励措施的效果，并根据实际情况进行必要的调整和优化。

反馈机制可以通过多种途径实现，包括定期的问卷调查、师生座谈会和数据分析。通过收集师生对奖励制度和认可机制的意见和建议，学校可以了解哪些措施最为有效，哪些领域可能需要改进。基于这些反馈，学校可以适时调整奖励标准、扩大奖励范围或增加新的奖项，以更好地满足师生的需求和期望。

此外，持续的反馈和调整还能够帮助学校及时发现和解决可能存在的问题，确保激励机制的公正性和透明度，避免任何形式的偏见或不公平现象。这种动态的管理方式不仅提升了激励措施的有效性，也增强了师生对学校管理的信任和支持。

总的来说，激励机制的成功实施不仅能推动高校学术和文化活动的繁荣，还能激发师生的创造力和积极性，促使他们在各自的领域中追求卓越。通过奖励制度、认可机制和持续的反馈与调整，学校能够打造一个充满活力和创新精神的校园环境，为未来的教育和社会发展培养更多的优秀人才。

第二节 校外资源引入

一、企业资源

（一）实习与实践基地

实习与实践基地的建立对于高校教育质量的提升具有重要意义。通过与企业建立紧密的合作关系，学生能够在真实的工作环境中锻炼技能、积累经验，为将来的职业发展打下坚实的基础。

1. 建立长期合作协议

为了确保实习与实践基地的稳定性和持续性，高校应与各行业的龙头企业及创新型公司签订长期合作协议。这些协议不仅能够保障学生有稳定的实习机会，还可以为学校和企业之间的深度合作打下基础。通过这些协议，高校能够根据企业的实际需求和未来发展方向，为学生提供量身定制的实习机会，同时也能为企业输送符合其需求的高素质人才。

这些长期合作协议还应包括定期评估机制，确保实习内容始终与行业发展保持一致。这样一来，学生不仅能接触到最新的行业技术和管理方法，还能通过企业的实际需求，了解行业的最新趋势和发展方向，从而为自己的职业规划提供参考。

2. 多样化的实践机会

为了满足学生多元化的学习需求，高校应根据学生的专业背景和兴趣，提供多样化的实习岗位。这些岗位应涵盖技术研发、市场营销、财务管理、人力资源等多个领域，让学生能够在实际工作中充分应用课堂所学，进一步深化专业知识。

通过为学生提供不同领域的实践机会，学生可以在实习中发现自己的兴趣和特长，从而更好地规划未来的职业方向。同时，这种多样化的实践经历也能帮助学生全面提升职业素养，如沟通能力、团队合作精神和问题解决能力等，为他们在毕业后顺利进入职场做好准备。

高校还应与企业共同设计实习项目，确保每个实习生都有明确的工作任务和学习目标。在实习过程中，学生能够参与到实际项目中，从而获得宝贵的实践经验，进一步提升他们的就业竞争力。

3. 实习期间的双向反馈

为了确保学生能够在实习中获得有价值的经验，高校应建立定期反馈机制，让实习生与企业导师之间进行双向交流。通过这种交流，企业导师可以及时了解学生在实习中的表现，并提供针对性的指导和建议，而学生也可以反馈自己在实习中的收获与挑战，从而调整实践方向。

这种双向反馈不仅有助于学生更好地理解企业文化和工作流程，还能帮助他们在实习过程中不断改进自己的工作方法和技巧。此外，通过与企业导师的交流，学生还能建立起宝贵的职场人脉，为未来的职业发展打下基础。

高校还应安排校内导师定期与学生沟通，了解他们的实习进展，并根据需要提供额外的支持和指导。通过校内导师和企业导师的共同帮助，学生能够在实习中更好地发挥自己的潜力，提升实践效果。

4. 实习成果展示

为了巩固学生在实习中获得的经验和知识，高校应鼓励学生在实习结束后，通过报告、演讲或展示会等形式汇报实习成果。这些展示活动不仅可以让学生总结和反思自己的实习经历，还能为其他同学提供借鉴和启发。

在实习成果展示会上，学生可以通过多种方式展示他们的工作成果和学习心得，如制作报告、演示 PPT、展示项目案例等。校内导师和企业代表将共同参与点评，提供建设性的反馈和建议，帮助学生进一步提升实践效果。

通过这样的展示和交流，学生不仅能够增强自信心，还能提升演讲和沟通能力。此外，实习成果展示也是学校与企业沟通的重要平台，企业可以通过这些活动了解学生的实习情况，并进一步调整和优化实习计划，以更好地满足学生和企业的需求。

综上所述，通过建立长期合作协议、提供多样化的实践机会、开展双向反馈和组织实习成果展示，高校能够有效地提升实习与实践基地的建设质量，为学生的职业发展提供坚实的支持。这一系列措施将帮助学生在实际工作中积累宝贵经验，增强他们的就业竞争力，确保他们在未来的职业道路上取得成功。

（二）企业讲座和培训

1. 主题多样化

为了确保学生全面了解不同行业的最新发展，高校应定期邀请不同行业的专家和职业经理人来校开展讲座和培训。这些专家应涵盖技术创新、企业管理、市场趋势、创业精神等多个领域，为学生提供多元化的视角。例如，技术创新领域的专家可以分享最新的科技进展和应用案例，企业管理专家可以介绍现代企业管理的策略和方法，市场趋势分析师可以解读当前市场的变化和未来发展方向，而创业者则可以讲述创业过程中的挑战和成功经验。

通过多样化的主题讲座，学生可以深入了解各个行业的运作机制和发展趋势，从而为他们的职业规划提供丰富的信息和灵感。这种广泛的知识覆盖不仅有助于学生找到自己感兴趣的领域，还能帮助他们掌握多种技能，为未来的职场挑战做好准备。

2. 互动式讲座

为了提高讲座的效果和学生的参与度，高校应采用互动式讲座形式。相比于传统的单向知识传授，互动式讲座通过案例分析、小组讨论和问答环节，能够大有效增强学生的参与感和理解深度。在讲座中，学生可以直接与行业专家互动，提出他们关心的问题，获得第一手的行业见解。

例如，在案例分析环节，讲座者可以选择一个实际的行业案例，带领学生进行深入分析和讨论。学生可以分组讨论，并在讲座者的引导下提出解决方案或策略。这不仅可以培养学生的分析和解决问题的能力，还可以让他们更加深入地理解行业的实际运作方式。

问答环节同样至关重要，学生可以就讲座内容提出自己的疑问或见解，与讲座者进行直接对话。这种互动不仅让学生有机会深入思考所学内容，还可以激发他们的好奇心和求知欲，从而进一步深化他们的学习效果。

3. 定期举办

为了保持学生对行业动态的持续关注，高校应制定年度讲座和培训计划，确保每学期都有相关活动。这些活动应贯穿全年，涵盖不同时段和不同主题，使学生能够持续接触到最新的行业信息和职业发展建议。

定期举办的讲座和培训不仅可以为学生提供及时的行业资讯，还可以帮助他们不断更新自己的知识储备，跟上行业的快速变化。此外，通过与企业的定期互动，高校还可以加强与行业的联系，拓展合作渠道，为学生争取更多的实习和就业机会。

为了确保活动的有序进行，高校应建立一个讲座和培训的协调机制，负责活动的策划、组织和评估。每次讲座后，可以收集学生的反馈意见，了解他们的需求和兴趣，从而为下一次活动的策划提供参考。

4. 讲座内容整合

为了最大化讲座的教育效果，高校应将企业讲座的内容与课程教学内容相结合。通过这种整合，学生可以在课堂上讨论和应用在讲座中学到的知识，从而深化学习效果。例如，讲座中提到的行业案例或管理策略，可以成为课程作业或课堂讨论的主题，学生通过理论和实际结合，更好地掌握课程内容。

此外，讲座内容也可以作为课程考试或项目的补充材料，进一步加深学生对所学知识的理解。讲座与课程的结合不仅有助于知识的系统化学习，还可以提升学生的实践能力，使他们能够在实际工作中更好地应用所学知识。

通过主题多样化、互动式讲座、定期举办和讲座内容整合的方式，高校能够为学生提供一个丰富的学习平台，帮助他们更好地理解行业动态，提升职业素养，并为未来的职业生涯做好充分准备。

（三）项目合作

项目合作是高校与企业之间的重要桥梁，通过这一机制，学生能够直接参与到企业的实际项目中，应用所学知识，解决现实问题。

1. 企业需求调研

在与企业合作开展项目之前，进行深入的需求调研是项目成功的关键一步。高校应与企业密切沟通，详细了解企业当前所面临的问题和需求，确保所设计的项目能够切实解决这些问题。需求调研的过程不仅包括对企业的行业背景、市场环境和技术要求的分析，还应包括与企业各级管理人员和技术专家的深度访谈，以全面掌握项目的关键点。

通过这种调研,高校能够设计出更具针对性和实用性的项目内容,避免项目脱离实际需求。调研成果应形成详细的需求报告,为后续的项目规划提供坚实的依据。这一阶段的充分准备不仅能提高项目的成功率,也能确保项目对企业和学生双方都有实际的价值。

2. 跨学科项目团队

在项目合作中,组建由不同专业的学生组成的跨学科团队是推动创新和提高项目质量的重要方式。跨学科团队可以结合多种学科的知识和技能,为项目带来更加多元化的解决方案。例如,一个涉及技术开发的项目,可能需要工程学、计算机科学、市场营销和经济学等多个领域的知识,只有跨学科的团队才能提供全面的分析和解决方案。

在这种团队中,每个成员可以发挥各自的专业特长,共同攻克项目中的复杂问题。与此同时,跨学科合作还能培养学生的团队合作精神和沟通能力,使他们学会如何在多样化的团队中协同工作,这种能力在未来的职业生涯中至关重要。

为了确保团队合作的顺利进行,高校应提供必要的支持,如团队建设培训、协作工具和导师指导等,帮助学生在项目中实现最佳表现。

3. 项目进展汇报

项目实施过程中,定期向企业反馈项目进展情况是确保项目方向符合企业预期的关键措施。高校应设立明确的汇报机制,规定定期的项目进展汇报时间节点,让学生团队在每个阶段都能向企业汇报工作进展、遇到的问题以及初步的成果。

这些汇报不仅帮助企业掌握项目的整体进度,还能让学生在企业的反馈中及时调整项目方向和工作重点,确保最终成果符合企业的实际需求。企业的实时反馈对于项目的成功至关重要,它能让学生及时发现问题并采取措施,从而避免偏离项目目标。

此外,这种定期的交流也有助于学生与企业建立更深的联系,为未来的合作打下基础。汇报的形式可以多样化,包括书面报告、PPT 演示和现场展示等,以最有效的方式呈现项目进展。

4. 成果应用与推广

在项目完成后,与企业合作将研究成果应用于实际生产或运营中,是项目合作的最终目标。高校应积极协助企业将项目研究的成果转化为实际应用,这不仅是对学生努力的肯定，也是对项目价值的最好体现。

这一阶段可以包括成果的实际部署、生产工艺的改进、新产品的推出等。高校还应组织案例分析和研讨会，总结项目成功的经验，分享给其他学生和教师，促进知识的扩散和应用。

此外，推广成功经验也有助于提升高校的声誉和吸引力，进一步扩大与企业的合作机会。高校可以通过学术论文发表、行业会议演讲等形式，将项目成果推广到更广泛的领域，为未来的研究和合作奠定基础。

总之，通过企业需求调研、跨学科项目团队的组建、项目进展汇报和成果应用与推广，高校与企业的项目合作可以实现双赢。这种合作模式不仅提高了学生的实践能力和创新思维，也为企业提供了实际的解决方案，推动了产学研的深度融合。

二、社会组织资源

（一）志愿服务与公益项目

志愿服务与公益项目是高校培养学生社会责任感和公益精神的重要途径。通过与社会组织和社区的深入合作，学生可以在实际行动中理解和践行公益理念，并将理论知识转化为切实的社会贡献。以下是围绕志愿服务与公益项目的详细阐述。

1. 长期合作的公益平台

为了为学生提供持续的志愿服务和公益实践机会，高校应与多家社会组织和非政府组织（NGO）建立长期合作关系。这些合作关系应覆盖多个领域，如环保、教育、医疗、社区发展等，确保学生能够在多个领域内找到适合自己兴趣和能力的公益项目。

建立长期合作平台的优势在于能够为学生提供稳定而连续的志愿服务机会，使他们能够深入参与到公益活动中，积累丰富的实践经验。这些合作平台不仅是学生服务社会的渠道，也是他们学习和成长的重要平台，通过与不同社会组织的合作，学生可以开阔视野，提升解决实际问题的能力。

高校可以通过设立专门的志愿服务中心或公益办公室，协调和管理这些合作关系，确保项目的顺利开展。同时，定期的合作评估也能够帮助学校和合作组织不断优化项目内容，提高学生的参与度和项目的社会影响力。

2. 社区服务项目

高校应根据当地社区的实际需求，设计并实施长期和短期的社区服务项目。这些项目可以涵盖环境保护、教育支持、健康宣传等多种形式，为社区带来切实的帮助，也为学生提供了宝贵的社会实践机会。

例如，环境保护项目可以包括社区垃圾清理、植树造林、环保知识宣传等，教育支持项目则可以通过课后辅导、捐书捐物、搭建学习平台等方式，帮助社区内的弱势群体提高教育水平。健康宣传项目可以组织学生开展健康检查、疾病预防知识讲座、营养饮食指导等活动，增强社区居民的健康意识。

通过这些社区服务项目，学生能够在实际行动中体会到服务他人的意义，增强社会责任感。同时，长期项目的参与还可以帮助学生建立与社区的深厚联系，提升他们对社会问题的敏感度和解决能力。

2. 公益项目成果展示

为了巩固和推广志愿服务与公益项目的成果，高校应定期组织公益项目成果展示会。这些展示会不仅是学生分享他们在志愿服务中的收获与感悟的机会，也是表彰和激励在公益活动中表现突出的团队和个人的重要平台。

在成果展示会上，学生可以通过海报展示、演讲、视频播放等多种形式，向学校和社会展示他们在公益项目中的工作成果。这不仅有助于提升他们的沟通和表达能力，也能够让更多的人了解和支持公益事业。

此外，展示会还可以作为学校与社会组织和社区交流的平台，通过对成功案例的分析和讨论，总结经验教训，为今后的公益项目提供参考。同时，对表现优秀的团队和个人的表彰和奖励，也能够激励更多的学生积极参与志愿服务和公益活动，形成良好的校园公益文化。

3. 公益精神培育

公益精神的培育不仅需要实际的志愿服务和公益项目，还需要通过课程嵌入和专题讲座等方式，系统地培养学生的公益意识和社会责任感。高校应将公益精神的培养融入到课程设计中，开设相关的选修课或必修课，帮助学生深入理解公益事业的价值和意义。

专题讲座是另一种有效的培养方式。高校可以邀请公益领域的专家、知名社会活动家或有丰富实践经验的校友，来校分享他们的公益经历和心得。通过这些讲座，学生能够接触到第一手的公益实践知识，激发他们参与公益事业的热情。

此外，高校还可以组织相关的读书会、公益主题电影放映、社团活动等，进一步丰富学生对公益精神的理解和认同。通过这些多样化的教育手段，学生不仅能够在志愿服务中成为积极的参与者，还能成为推动社会变革的重要力量。

总之，通过建立长期合作的公益平台、设计和实施社区服务项目、定期组织公益项目成果展示以及系统地培育公益精神，高校可以为学生提供丰富的志愿服务与公益实践机会，帮助他们在服务社会的过程中成长为具有社会责任感和公益精神的公民。

（二）文化与艺术资源

文化与艺术资源在高校教育中扮演着重要角色，通过多样化的艺术活动和教育，学生不仅能够提升艺术修养和文化鉴赏力，还能在创作和实践中培养创造力和表达能力。

1. 跨界合作的艺术活动

为了提升学生的艺术修养和文化鉴赏力，高校应积极与本地和国际的文化艺术机构合作，组织丰富多彩的艺术活动。这些活动可以包括跨文化音乐会、现代艺术展览、戏剧工作坊等，为学生提供接触不同文化和艺术形式的机会。

通过跨界合作，高校能够引进高质量的艺术资源，创造一个多元化的文化氛围。例如，跨文化音乐会可以邀请来自不同国家的音乐家和乐团表演，让学生在欣赏音乐的同时，了解不同文化背景下的音乐传统和创新。现代艺术展览则可以展示当代艺术家的作品，激发学生对现代艺术的兴趣和思考。戏剧工作坊则为学生提供亲身参与表演和创作的机会，帮助他们在实践中提升表演技巧和团队合作能力。

这种跨界合作不仅丰富了校园的文化生活，还为学生提供了一个拓宽视野、激发创意的平台，让他们在与艺术的亲密接触中成长为具有深厚文化素养的人才。

2. 校园文化节

每年举办一次的大型校园文化节是展示和促进校园多元文化的重要活动。通过邀请社会艺术团体和文化机构参与，校园文化节不仅为学生提供了欣赏和参与多样艺术形式的机会，还促进了校内外的文化交流与互动。

在校园文化节期间，学生可以参与到各种文化活动中，如传统音乐演出、国际美食节、民族舞蹈表演、电影放映等，这些活动展示了来自世界各地的文化精髓。文化节还可以设立不同主题的展览和工作坊，学生可以亲身体验和学习不同文化的艺术表达形式，如书法、陶艺、摄影等。

通过这些丰富的活动，校园文化节不仅增强了学生对多元文化的理解和尊重，也激发了他们对不同文化的兴趣，促进了校园内的文化包容和交流。学生在文化节中的积极参与，也为他们提供了展示自我和与他人分享文化的机会，增强了文化自信和表达能力。

3. 艺术教育课程

艺术教育课程是将艺术活动与课程教育相结合的重要途径。高校应开设选修课或工作坊，让学生在艺术创作中体验和学习，并通过展示和表演提升自信与表达能力。

这些课程可以包括绘画、雕塑、音乐创作、戏剧表演等多种形式，学生可以选择自己感兴趣的领域深入学习。在课程中，学生不仅可以掌握艺术创作的基本技能，还可以通过导师的指导，逐步探索和发展个人的艺术风格。

此外，艺术课程应注重实践和互动，鼓励学生积极参与创作和表演。定期组织的作品展示和表演活动，不仅为学生提供了一个展示才华的平台，也帮助他们在公众面前表达自我，提升自信心和沟通能力。通过这种实践性的学习，学生能够更好地理解艺术的表达方式，并在创作过程中培养创新思维和批判性思维。

4. 文化体验与实践

文化体验与实践是学生深入理解文化和艺术的有效方式。高校应组织学生前往博物馆、艺术馆、剧院等地进行实地考察和文化体验，通过现场学习加深对文化和艺术的理解。

实地考察活动可以包括参观知名艺术展览、聆听经典音乐会、观看戏剧演出等，学生在实际的文化场景中，能够更直观地感受艺术作品的魅力和文化内涵。此外，学生还可以通过与艺术家、策展人、导演等专业人士的交流，深入了解艺术创作和展示的过程，拓展他们的视野和理解。

这些文化体验活动不仅能够增强学生对艺术的感知和理解，还为他们提供了宝贵的学习素材和创作灵感。同时，这种直接的文化接触也有助于学生在未来的职业选择中，更好地认识和把握自己的兴趣和潜力。

总之，通过跨界合作的艺术活动、校园文化节、艺术教育课程和文化体验与实践，高校能够为学生提供丰富的文化与艺术资源。这些活动和课程不仅提升了学生的艺术修养和文化鉴赏力，还培养了他们的创造力、自信心和表达能力，为他们的全面发展奠定了坚实的基础。

（三）专家指导

专家指导是高校教育中不可或缺的一部分，通过建立专家顾问团、举办专题讲座与论坛、组织工作坊与实践活动，以及进行实地考察与交流，学生能够获得更深入的专业知识和实践经验，提升综合素质和实际操作能力。

1. 建立专家顾问团

为了为学生提供专业的指导和咨询服务，高校应邀请来自社会组织、文化艺术领域的资深专家，组成学校的专家顾问团。这个顾问团可以包括行业领袖、资深学者、知名艺术家以及公益领域的资深从业者，他们在各自领域内具有丰富的经验和深厚的专业背景。

专家顾问团的主要职能是定期为学生提供一对一的指导和咨询服务，帮助他们解决在学习和实践中遇到的专业难题。顾问团成员还可以参与到课程设计和项目评审中，提供宝贵的行业见解和反馈，确保教育内容的前沿性和实用性。

通过与这些专家的直接交流，学生不仅能够获得最新的行业动态和专业知识，还能从专家的职业经历中汲取宝贵的经验和教训。这种近距离的学习机会对于学生的职业规划和个人成长具有重要意义。

2. 专题讲座与论坛

定期举办由社会组织专家主持的专题讲座和论坛，是帮助学生拓宽视野、加深理解的重要方式。这些讲座和论坛应围绕社会热点问题、行业前景、文化发展趋势等主题展开，让学生接触到最前沿的思想和观点。

专题讲座可以邀请专家深入解读当前社会的重大议题，如环境保护、社会公平、文化多样性等，帮助学生理解这些问题的复杂性和多层次性。论坛则为学生提供了一个互动交流的平台，他们可以与专家和同行就某一特定主题展开讨论，分享各自的见解和思考。

通过这些讲座和论坛，学生不仅可以丰富知识储备，还能培养批判性思维和独立分析能力。与此同时，这些活动也有助于激发学生对某些领域的兴趣，为他们今后的研究和职业选择提供方向。

3. 工作坊与实践活动

工作坊与实践活动是将理论知识转化为实际能力的重要途径。在专家的亲自主持下，学生可以参与到各类工作坊和实践活动中，如领导力培养、社会创新设计、文化项目策划等。这些活动不仅为学生提供了动手实践的机会，也使他们能够在真实的情境中应用所学知识。

例如，领导力培养工作坊可以帮助学生在团队合作、决策制定和危机管理等方面提升能力，而社会创新设计活动则可以鼓励学生通过创新思维解决实际社会问题。这些实践活动不仅能锻炼学生的动手能力，还能增强他们的创造力和创新意识。

专家在这些活动中的指导作用至关重要，他们不仅可以提供专业的建议和反馈，还可以通过实际案例的分析和讨论，帮助学生深入理解理论背后的逻辑和应用场景。

4. 实地考察与交流

实地考察与交流活动为学生提供了亲身体验和理解社会运作和公益实践的机会。在专家的带领下，学生可以参观非盈利组织、社会企业、文化机构等，直接观察和参与到这些组织的日常运作中。

通过实地考察，学生可以了解到这些机构如何应对实际挑战，如资源管理、项目实施、社会影响评估等。同时，他们也可以与从业人员直接交流，了解实际工作中的困难和解决策略。这种实地学习不仅能帮助学生将课堂知识与实际操作联系起来，还能让他们对未来的职业选择有更清晰的认识。

实地考察活动还可以通过与国际组织的合作，安排学生进行跨文化交流，进一步拓宽他们的国际视野。这种跨文化的实地学习体验，对于培养具有全球视野和社会责任感的学生尤为重要。

总的来说，通过建立专家顾问团、举办专题讲座与论坛、组织工作坊与实践活动以及开展实地考察与交流，学生能够在理论与实践的结合中全面提升自己的专业素养和实践能力。这些专家指导活动不仅为学生提供了宝贵的学习机会，也为他们在未来职业生涯中取得成功奠定了坚实的基础。

第三节　信息技术的应用

一、在线平台建设

（一）综合管理平台

综合管理平台是高校第二课堂有效运作的核心工具。一个功能齐全、易于使用的管理平台能够帮助学生和教师更加便捷地参与和管理第二课堂活动，从而提升整体教育质量和学生的学习体验。以下是对综合管理平台各个方面的详细阐述。

1. 功能模块整合

为了满足学生和教师在第二课堂中的多样化需求，平台的设计应当全面整合各种功能模块。首先，平台应包括一个活动报名系统，方便学生浏览和报名参加各种活动。这个系统应具备活动分类、搜索、筛选功能，使学生能够根据兴趣和时间安排轻松找到适合的活动。

其次，平台应具备课程管理模块，支持教师创建、发布和管理第二课堂课程。教师可以通过该模块设置课程目标、上传学习资料、管理学生名单等。而学生则可以通过此模块查看课程安排、提交作业、参与讨论等。

此外，资源共享中心是平台的重要组成部分，它允许学生和教师共享各种学习资源，如课件、视频、电子书等。这个中心应当具备良好的分类和检索功能，确保用户能够迅速找到所需资源。

最后，平台还应包括评价与反馈机制。通过这一功能，学生可以对课程和活动进行评价，提供反馈，教师和管理者则可以根据这些评价持续改进课程内容和教学方法。这种整合后的平台不仅为用户提供了便捷的一站式服务，还能显著提高第二课堂活动的管理效率和参与效果。

2. 用户界面优化

用户界面的设计直接影响到平台的使用体验，因此必须注重简洁和易用性。平台的界面应当清晰直观，确保学生和教师能够轻松导航。尤其是对于新用户，平台应提供清晰的指引和帮助系统，以便他们能够快速上手。

个性化的仪表盘设计是提升用户体验的关键。通过仪表盘，学生可以直观地看到个人的学习进度、已报名的活动和推荐的资源。这种个性化的展示不仅方便了用户的日常操作，也增强了学习过程的可视性，使学生能够更好地规划自己的时间和学习内容。

此外，平台还应具备通知功能，通过弹出窗口、短信或邮件提醒用户即将进行的活动或课程更新。这样的设计可以帮助学生和教师更好地管理自己的时间安排，确保他们不会错过重要的学习机会。

3. 移动端支持

随着移动设备的普及，学生对移动学习的需求日益增长。因此，综合管理平台必须具备良好的移动端支持。开发一个配套的移动应用程序或优化平台的移动端界面，可以提升用户的便利性。

移动应用程序应具备与桌面端一致的功能，如活动报名、课程管理、资源共享等。同时，为了适应移动设备的特点，界面设计应简洁明了，操作流程应尽可能简化，确保学生在任何时间、任何地点都可以轻松使用平台的各项功能。

此外，移动端支持还应包括离线功能，使学生在没有网络连接的情况下，仍然能够访问部分已下载的学习资源或查看课程安排。这种设计不仅提升了平台的灵活性，也增强了学生的学习自主性。

总的来说，一个功能模块齐全、用户界面优化且支持移动端访问的综合管理平台，是高校第二课堂顺利实施和有效运作的重要保障。通过该平台，学生和教师能够更方便地管理和参与各种活动，进一步提升第二课堂的学习效果和教育质量。

（二）在线学习资源

在线学习资源是现代教育的重要组成部分，尤其是在高校第二课堂中，丰富而多样化的学习资源对于学生的自主学习和知识扩展至关重要。通过建设高质量的资源库、持续更新维护内容以及提供多媒体学习支持，在线学习资源能够有效提升学生的学习体验和教育成果。

1. 资源库建设

为了满足不同专业学生的学习需求，高校应着力开发并整合多样化的在线学习资源。资源库的建设应覆盖广泛的学科领域，从人文社会科学到自然科学、工程技术等各个专业，确保学生无论主修何种课程，都能在资源库中找到相关的学习资料。

资源库应包括视频课程、电子书籍、讲义、学习资料等多种形式的资源。视频课程可以通过专业教师录制的讲解视频或外部平台的优质公开课来丰富内容；电子书籍和讲义则可以通过与出版社或知识产权持有人合作，获取合法的电子版本，方便学生在线阅读和下载；学习资料应包括练习题、案例分析、项目报告等，帮助学生更好地理解和应用所学知识。

为了确保资源库的高质量，高校应严格筛选资源的来源和内容，优先选择权威的学术资源和高水平的教育内容。资源库的设计还应方便学生快速搜索和查找所需的学习资料，提供分类清晰、检索方便的用户界面，提升学生的使用体验。

2. 资源更新与维护

在线学习资源的时效性和相关性对学生的学习效果有着直接影响，因此，建立资源更新和维护机制至关重要。高校应定期与教师和领域专家合作，对资源库中的内容进行审核，添加新的学习资源或更新现有内容，以确保学习内容反映最新的学术成果和行业动态。

资源更新的频率应根据不同学科的特点和学术进展情况进行调整。对于更新速度较快的领域，如信息技术、医学、工程等，资源更新的频率应较高，确保学生能够接触到最新的知识和技术。对于更新相对较慢的学科，如历史、文学等，可以适当延长更新周期，但同样要保持内容的权威性和准确性。

在资源维护方面，高校应设立专门的技术支持团队，负责资源库的日常维护和技术问题的解决，确保平台的稳定运行和资源的正常访问。同时，应建立用户反馈机制，鼓励学生和教师对资源库的内容和功能提出建议，持续优化资源库的质量和服务。

3. 多媒体学习支持

多媒体学习支持是现代在线教育的关键环节，通过结合视频、音频、互动式课件等多媒体形式，丰富学习资源的表现方式，能够有效提升学生的学习兴趣和知识掌握程度。

视频资源可以包括教师授课视频、动画演示、专家访谈等，使复杂的知识更加生动直观地呈现；音频资源则适用于语言学习、讲座回放等场景，方便学生利用碎片时间进行学习；互动式课件可以通过模拟实验、动态案例分析、实时反馈等方式，增强学生的参与感和动手能力。

此外，平台还应提供可下载的学习资料，如 PDF 讲义、PPT 演示文稿、习题集等，供学生在课外进行复习和参考。同时，在线测试工具也是不可或缺的一部分，通过自测题库、在线考试等形式，学生可以在学习过程中随时检验自己的知识掌握情况，并根据测试结果进行有针对性的复习。

通过多媒体学习支持，学生不仅可以享受到更丰富的学习体验，还能够在互动和反馈中不断巩固知识，从而更好地达成学习目标。

综上所述，通过资源库建设、资源更新与维护、多媒体学习支持的有效结合，高校能够为学生提供一个高质量的在线学习平台，支持自主学习和知识扩展，提升第二课堂的整体教育效果。

（三）互动社区

互动社区是高校在线学习平台的重要组成部分，它不仅为学生提供了一个分享和交流的空间，还可以通过多样化的功能设计和激励机制，促进学生之间的互动与合作，提高学习效果。

1. 社区功能设计

为了打造一个高效的线上互动社区，平台应设计多种功能，满足学生的学习交流需求。首先，社区应包括讨论区和论坛，为学生提供分享学习经验、交流心得、讨论问题的平台。讨论区可以按照课程、主题或专业进行划分，确保学生能够轻松找到感兴趣的讨论主题。论坛则可以设立不同的板块，如"学习技巧分享""作业讨论""考试准备"等，方便学生参与到自己关注的话题中。

此外，社区还应提供学习小组功能，允许学生根据共同的学习目标或兴趣组建小组。学习小组可以设置为公开或私密模式，小组成员可以在内部讨论问题、分享资源、组织线上学习活动等。这种小组学习的形式不仅可以促进学生之间的合作，还能增强他们的责任感和参与感。

为了确保社区结构合理，平台的导航设计应清晰简洁，用户可以通过关键词搜索、分类浏览等方式快速找到所需的讨论主题或学习小组。同时，社区应具备消息通知和提醒功能，确保学生能够及时参与到讨论中，不错过任何重要的交流机会。

2. 激励机制

为了鼓励学生积极参与社区互动，平台应引入积分、徽章、等级等激励机制。这些机制可以根据学生的活跃度、发帖质量、参与讨论的频率等因素进行评分和奖励。

积分系统可以根据学生的参与行为，如发布帖子、回复讨论、点赞等，给予相应的积分奖励。积累到一定积分后，学生可以兑换平台内的特权或实物奖励，如电子书、课程折扣等。徽章则可以作为荣誉标识，授予那些在社区内表现积极、贡献突出的学生。例如，可以设立"最佳解答者""活跃成员""优秀分享者"等不同类型的徽章，增强学生的荣誉感和成就感。

此外，平台还可以设置等级制度，根据学生的积分累积情况提升等级，不同等级可以解锁更多社区功能或获得更多奖励。定期举办线上活动、答题比赛等也是提升社区活跃度的重要手段，通过这些活动，不仅可以激发学生的参与热情，还能通过竞争和合作提升他们的学习效果。

奖励机制的设计应注重公平性和透明性，确保每位学生都有机会通过努力获得奖励。同时，平台应通过规则设置和管理，防止不良行为，如灌水、刷分等，维护社区的健康发展。

3. 导师参与

导师和行业专家的参与能够显著提升社区的学术氛围和专业性。平台应邀请教师和行业专家在社区内参与讨论，解答学生问题，提供专业指导。这种互动不仅能够帮助学生解决学习中的疑问，还能让他们接触到最新的行业动态和专业见解。

社区可以定期组织"导师答疑"或"专家分享"专题活动，在这些活动中，导师或专家可以集中回答学生的提问，或就某一主题进行深入讲解。学生可以提前提交问题，导师在活动中进行解答，活动结束后，还可以将精彩内容整理成帖，供其他学生学习参考。

此外，导师还可以参与到学习小组的指导中，帮助小组成员制定学习计划、进行学术讨论、评估学习成果等。通过导师的参与，学生能够获得更有针对性的学习建议，提升他们的学习质量。

总的来说，互动社区的建设需要兼顾功能设计、激励机制和导师参与三方面的要素。通过一个结构合理、功能完善的社区平台，辅以积极的激励和专业的指导，学生能够在互动中提升学习效果，在合作中获得成长，最终为高校第二课堂的教育目标提供强有力的支持。

二、数据管理与分析

（一）数据采集

数据采集是高校第二课堂活动管理和分析的重要环节。通过全面、准确的数据收集，学校可以深入了解学生的参与情况和学习效果，从而为教学改进和活动设计提供科学依据。以下是关于数据采集的详细阐述。

1. 多维度数据收集

为了全面评估学生在第二课堂中的表现和学习效果，高校应利用信息技术手段，进行多维度的数据收集。这些数据应涵盖学生的出勤率、参与度、活动完成情况、学习效果以及反馈评分等关键指标。通过对这些数据的综合分析，学校能够准确掌握学生的学习动态，发现潜在的问题，并及时采取措施加以改进。

具体来说，出勤率可以通过二维码签到或线上打卡等方式自动记录，确保学生每次参与活动都被准确记录在案。参与度则可以通过学生在活动中的发言次数、作业提交情况等指标来衡量。活动完成情况可以反映学生在第二课堂中实际达成的目标，如完成项目、提交报告等。

对于学习效果的评估，学校可以采用自动化评价系统，通过在线测验、项目评审等方式，定量评估学生的学习成果。反馈评分则可以通过问卷调查、活动评分等方式收集，了解学生对活动的满意度和改进建议。这些数据的收集过程应尽可能简化，以减轻学生和教师的负担，同时提高数据的准确性和实时性。

2. 数据隐私与安全

在进行数据采集的过程中，保护学生的个人隐私和数据安全至关重要。高校应建立严格的数据存储和访问权限管理制度，确保采集到的学生数据只能被授权人员访问，并且仅用于教育和研究目的。

首先，数据存储应采用加密技术，确保数据在传输和存储过程中不会被未授权的第三方获取。同时，平台应定期进行安全审计，及时发现和修复潜在的安全漏洞，防止数据泄露。

其次，访问权限应根据角色进行严格管理。例如，只有相关教师和管理人员可以查看学生的学习数据，而个人信息如姓名、学号等应进行匿名化处理，避免在不必要的场合泄露学生的身份信息。

最后，高校应遵循相关法律法规，如《中华人民共和国个人信息保护法》等，确保数据采集和处理过程符合法律要求，并定期向学生和家长通报数据使用情况，增强透明度和信任度。

通过完善的数据隐私与安全措施，高校不仅能够合法、合规地采集和使用学生数据，还能赢得学生和家长的信任，为未来的教育数据管理打下坚实的基础。

综上所述，通过多维度的数据收集和严格的数据隐私与安全管理，学校能够全面、准确地掌握学生在第二课堂中的学习情况，为提升教学质量和学生体验提供科学依据。这一过程不仅有助于教学改进，也为学生的全面发展创造了一个安全、可信的环境。

（二）数据分析

数据分析是将采集到的大量学生数据转化为可操作见解的关键过程。通过对多维度数据的深入分析，学校能够识别出影响学生学习成效的关键因素，从而为教学改进和活动设计提供科学依据。

1. 大数据技术应用

随着信息技术的发展，大数据分析技术在教育领域的应用越来越广泛。高校应充分利用这些技术，对采集到的多维度数据进行深入分析，以获得对学生学习行为和效果的全面了解。具体来说，大数据分析可以从以下几个方面入手：

（1）学生参与行为分析：通过分析学生在第二课堂中的出勤率、参与度、完成任务的情况等，了解学生的参与积极性和持续性。比如，哪些活动吸引了最多的学生参与，哪些学生参与度较低，背后的原因可能是什么。

（2）兴趣偏好分析：分析学生在不同类型活动中的选择和表现，识别出他们的兴趣偏好。例如，通过分析学生对不同主题的活动报名情况，可以了解哪些学科或话题更受学生欢迎，从而为活动设计和课程安排提供依据。

（3）学习效果分析：通过对学生学习成果的评价数据进行分析，识别出影响学生学习成效的关键因素。比如，哪些活动形式（如项目制、讲座、实践操作）对学生学习效果提升最为显著，哪些学习模式需要优化。

（4）个性化推荐：基于以上分析结果，为学生提供个性化的活动和课程推荐，帮助他们选择最适合的学习路径。这种个性化的指导可以提高学生的参与积极性和学习效果，推动学生在第二课堂中获得更多的成长。

通过大数据技术的应用，学校可以更加精准地了解学生的需求和学习动态，进而调整教学策略，优化活动设计，为学生提供更有针对性的教育支持。

2. 可视化分析结果

为了让教师和管理者能够直观理解数据分析的结果，高校应开发和使用数据分析结果的可视化工具。这些工具包括图表、仪表盘、报告生成器等，可以将复杂的数据以简洁明了的方式呈现出来，便于教学和管理决策。

（1）图表与仪表盘：图表是最常用的可视化工具之一，通过柱状图、饼图、折线图等形式，可以清晰展示学生参与情况、学习成果、兴趣偏好等数据。仪表盘则提供了一个综合展示平台，教师和管理者可以在一个界面上查看多个关键指标的实时数据，从而快速了解当前的学生表现和学习进展。

（2）报告生成器：定期生成的数据分析报告可以帮助决策者系统性地理解学生行为和学习效果。报告中应包括各类分析结果的总结，以及对教学改进和活动设计的建议。通过对这些报告的定期审阅，管理层可以识别出课程设置和活动安排中的不足，并据此做出调整，进一步提升教育质量。

（3）数据洞察的实践应用：可视化工具不仅帮助教师和管理者理解数据，还能将这些数据洞察转化为具体的行动方案。例如，通过分析出哪些活动形式对学习效果最有帮助，学校可以优先推广这些活动模式；通过识别出哪些学生在参与度上有待提高，学校可以制定个性化的激励措施，帮助他们更好地融入第二课堂。

总之，通过大数据技术的应用和数据分析结果的可视化呈现，学校可以实现对学生学习过程的深度理解，为教学改进和活动设计提供强有力的支持。这一过程不仅有助于提升学生的学习效果，也能为学校的管理决策提供科学依据，从而推动整个教育体系的不断优化和发展。

（三）个性化推荐

个性化推荐是现代教育技术中的关键应用，通过为学生提供量身定制的学习活动和资源，能够有效提升学习效果和参与积极性。

1. 推荐算法设计

个性化推荐的核心在于推荐算法的设计。为了确保推荐内容的相关性和有效性，算法应基于数据分析结果，综合考虑学生的学习历史、兴趣偏好、当前学习目标等多个因素。具体来说，推荐算法可以通过以下步骤进行优化：

首先，算法应分析学生的学习历史，包括他们在第二课堂中的参与记录、完成的课程和活动以及以往的学习效果。通过识别学生的学习模式和习惯，算法可以预测他们可能感兴趣的活动类型和学习资源。

其次，兴趣偏好是设计个性化推荐算法的重要参考依据。通过分析学生在平台上的行为数据，如浏览记录、参与讨论的主题、点赞的内容等，算法能够了解学生的兴趣领域，从而推荐相关的活动和课程。

此外，算法还应考虑学生的当前学习目标。例如，如果学生正在准备某个领域的专业考试，推荐的活动和资源应重点围绕该领域展开，帮助学生更有针对性地学习。算法可以根据学生的学习计划和进度，动态调整推荐内容，以更好地服务于他们的学习需求。

通过综合这些因素，推荐算法可以为每个学生提供高度个性化的学习路径，帮助他们更有效率地达到学习目标。

2. 智能推送与提醒

在设计了精准的推荐算法后，平台还应通过智能推送功能，及时将个性化推荐内容传递给学生。这种推送功能不仅可以提醒学生关注新的活动和学习资源，还能帮助他们更好地管理学习时间和参与计划。

智能推送应包括多种形式，如应用内通知、电子邮件、短信提醒等，确保学生能够及时接收到重要信息。特别是对于即将开始的活动，平台应通过设立提醒机制，提前通知学生，以便他们合理安排时间并确保参与。

此外，智能推送功能还可以根据学生的学习进展和参与情况，动态调整推送内容。例如，如果学生在某一段时间内对特定类型的活动表现出较高的兴趣，平台可以优先推送更多类似的活动资源。这样，学生可以在一个相对集中的领域内深入学习，同时保持对学习的高参与度。

3. 反馈机制优化

为了进一步提升个性化推荐的准确性和学生满意度，平台应建立反馈机制，通过收集学生的反馈信息来持续优化推荐算法。学生的反馈可以包括对推荐内容的评价、推荐精度的满意度以及对平台功能的建议等。

平台应提供一个便捷的渠道，让学生能够轻松地提交反馈。学生的反馈数据应及时纳入算法优化过程中，使系统能够快速调整推荐策略。例如，如果某些推荐内容持续受到低评价，算法应及时调整推荐参数，避免重复推送类似内容。

此外，反馈机制还应鼓励学生主动参与推荐内容的调整。例如，平台可以设计一个用户控制面板，允许学生手动设置他们的学习偏好、学习目标等，从而进一步优化推荐结果。这种互动式的反馈机制不仅能提高推荐的精准度，还能增强学生对学习过程的控制感和积极性。

通过推荐算法设计、智能推送与提醒以及反馈机制优化，平台可以为学生提供一个高度个性化的学习体验，确保他们能够获得最相关、最有效的学习资源和活动推荐。这种个性化推荐系统不仅能提升学生的学习效果，也能显著提高他们的参与度和满意度，为学生的全面发展提供有力支持。

第八章　高校第二课堂教学的未来发展趋势

第一节　第二课堂与人工智能教育

一、人工智能在第二课堂中的应用

人工智能技术在教育领域的应用日益广泛，尤其是在高校的第二课堂中，它为教学模式和学习体验带来了深刻的变革。

（一）智能化学习平台

人工智能驱动的学习平台是提升学生自主学习能力的重要工具。这些平台通过分析学生的学习行为和历史数据，能够提供个性化的课程推荐、学习路径规划和实时反馈，帮助学生更有效地学习。

AI 系统可以根据学生的学习历史、兴趣偏好和当前学习目标，推荐最适合的课程和活动。通过对学生行为数据的深入分析，平台能够识别出每个学生的学习需求，推送相应的学习资源，从而避免信息过载，提升学习效率。

人工智能能够根据学生的学习进度和表现，动态调整学习路径。例如，当学生在某一特定领域表现出较大的兴趣或需要加强时，AI 可以建议学生集中学习相关内容，并提供额外的资源和练习题，确保学习目标得以实现。

智能化学习平台能够实时监控学生的学习状态，并及时提供反馈。例如，当学生在某个知识点上遇到困难时，平台可以立即推送补充材料或练习，帮助学生巩固知识。此外，平台还可以通过分析学生的学习行为，向教师提供教学建议，帮助他们调整教学方法，提高教学效果。

通过这些智能化功能，学习平台不仅支持了个性化学习，也为学生提供了更为灵活和自主的学习体验，有效提高了学习成果。

（二）AI 驱动的教学辅助工具

人工智能在教学中的辅助角色越来越重要。AI 驱动的教学辅助工具可以显著提高教学效率和质量，为教师和学生提供强有力的支持。

AI 系统可以作为虚拟助手，帮助学生解答学习中的问题。通过自然语言处理技术，智能答疑系统能够理解学生提出的问题，并提供准确的答案或相关资源。这种即时答疑功能可以大大减少学生的等待时间，提高学习效率。此外，系统还可以根据常见问题生成 FAQ，提高重复问题的处理效率。

AI 技术能够自动对学生的作业和考试进行评分，尤其是在客观题、编程题等领域。通过机器学习算法，AI 系统可以准确、公平地评估学生的表现，并提供详细的反馈，帮助学生了解自己的错误并加以改进。对于主观性较强的题目，如作文或项目报告，AI 也可以辅助教师进行初步评价，减轻教师的工作负担。

AI 还能够对教学过程中的大量数据进行分析，帮助教师了解学生的学习动态和课程效果。通过对学习数据的分析，AI 系统可以发现教学中的薄弱环节，提出改进建议。例如，如果某个知识点多次出现在错误答案中，系统可以提醒教师在后续课程中加强对该知识点的讲解。

这些教学辅助工具不仅提升了教学效率，也帮助学生获得更精准和个性化的学习支持，进一步促进了教学质量的提升。

（三）虚拟实验与仿真

人工智能在虚拟实验室中的应用，为学生提供了真实感的模拟实验环境，极大地增强了学习效果，尤其是在那些实验设备昂贵或实验条件难以实现的学科领域。

AI 技术使得虚拟实验室的建设成为可能。在虚拟实验室中，学生可以通过电脑或 VR 设备进行实验操作，体验到与真实实验室相似的感官反馈和操作体验。这不仅降低了实验成本，还打破了时间和空间的限制，使得学生可以随时随地进行实验练习。

在虚拟实验中，AI 系统可以充当智能指导员，实时监控学生的实验操作，并在发现错误或不当操作时给予提示和纠正。这种智能指导可以帮助学生更快地掌握实验技能，减少实验失败的可能性，同时也提高了实验教学的效率。

AI 技术还可以帮助学生分析实验数据，并对实验结果进行评估和反馈。例如，在化学实验中，AI 系统可以根据实验数据判断反应的成功与否，并提供详细的分析报告，帮助学生理解实验原理和过程。

通过虚拟实验与仿真的应用，学生不仅能够在安全的环境中进行实践操作，还能通过反复练习提升实验技能，巩固理论知识。这种结合了人工智能的实验教学模式，为第二课堂的实践性学习提供了更加丰富和有效的手段。

综上所述，人工智能在第二课堂中的应用，涵盖了智能化学习平台、AI 驱动的教学辅助工具以及虚拟实验与仿真等方面。这些技术的引入，不仅提升了教学效率和质量，也为学生提供了更为个性化和灵活的学习体验，推动了教育模式的创新和发展。

二、第二课堂中的 AI 课程设置

人工智能（AI）技术的迅速发展，对社会的各个领域产生了深远影响。为了应对这一趋势，高校应在第二课堂中设置相关的 AI 课程，以普及 AI 知识、促进跨学科融合、并探讨其社会伦理影响。

（一）基础 AI 课程

人工智能技术不再仅限于计算机科学领域，其影响已经渗透到各行各业。因此，设计和推广针对非计算机专业学生的基础人工智能课程，成为高校第二课堂的重要任务之一。

1. 普及 AI 知识

基础 AI 课程应侧重于向非计算机专业学生普及人工智能的基本概念和原理。这些课程可以包括 AI 的历史发展、基本算法（如机器学习、神经网络）、常见应用（如图像识别、自然语言处理）等内容。通过这些课程，学生可以了解 AI 的核心技术和工作原理，为日后在各自专业领域中应用 AI 打下基础。

2. 提升科技素养

基础 AI 课程不仅旨在传授技术知识，还应致力于提升学生的科技素养。课程内容应鼓励学生思考 AI 技术如何改变他们的专业领域，以及如何在未来的职业生涯中应用这些技术。通过案例分析、实践操作和讨论等教学方式，帮助学生从多个角度理解 AI 技术的潜力和局限性，培养他们对科技发展的敏感度和适应能力。

3. 实用性与可操作性

为了增强课程的实用性，基础 AI 课程应结合具体的应用场景，如数据分析、智能推荐系统等，设计简单易懂的实验和项目，使学生能够亲自动手操作和体验 AI 技术。这种实践性学习将使学生更直观地理解 AI 的实际应用，激发他们进一步学习和探索的兴趣。

（二）跨学科 AI 项目

人工智能的广泛应用使其与其他学科的融合成为可能。通过第二课堂，设计跨学科的 AI 项目，可以有效培养学生的综合能力，促使他们在不同学科间找到创新的应用点。

1. 跨学科融合

跨学科 AI 项目的设计应着眼于 AI 技术如何与其他学科交叉融合。例如，AI 与医学的结合可以探讨医疗数据分析和疾病预测；AI 与艺术的结合可以研究生成艺术和创意设计；AI 与经济学的结合可以分析市场趋势和消费者行为。这些项目鼓励学生从多学科的角度出发，探索 AI 技术的应用场景和潜在价值。

2. 团队合作与创新

跨学科项目通常涉及多个专业背景的学生，这为团队合作和创新提供了良好平台。在项目实施过程中，学生需要发挥各自的学科优势，协作解决复杂问题。这不仅提高了他们的团队合作能力，还培养了他们跨学科沟通和整合知识的能力，使他们能够在未来的职业生涯中更好地适应多样化的工作环境。

3. 项目驱动的学习

这些跨学科 AI 项目应采用项目驱动的学习方式,学生通过实际的项目操作来学习和应用 AI 技术。项目结束时,学生可以通过展示和答辩的形式总结和分享他们的成果和经验。这种学习方式不仅有助于巩固知识,还能提升学生的实践能力和创新思维。

(三)AI 与社会伦理

随着 AI 技术的广泛应用,其对社会的影响和伦理问题也日益受到关注。在第二课堂中引入 AI 伦理课程,是培养负责任的 AI 使用者的重要举措。

1. 理解 AI 的社会影响

在人工智能(AI)迅速发展的背景下,AI 技术对社会各个领域的深远影响变得愈发显著。AI 伦理课程的设置旨在帮助学生全面理解这些影响,尤其是在就业、隐私、安全和决策等关键领域带来的挑战。通过对现实案例的分析,学生能够更深入地认识到 AI 技术如何改变社会结构和人类生活,以及这些变化背后潜藏的风险。

首先,AI 对就业的影响是当前社会讨论的焦点之一。随着自动化和智能化程度的提高,许多传统职业面临被取代的风险,这给劳动力市场带来了巨大的挑战。学生应通过课程了解哪些职业受到 AI 技术的威胁,哪些新兴职业因 AI 而出现。课程应引导学生思考如何适应这种技术变革,以及如何在未来的职业生涯中利用 AI 技术提升竞争力。

其次,隐私问题是 AI 技术应用中不可忽视的伦理挑战。AI 依赖于大量数据的处理和分析,如何在数据收集和使用过程中保护个人隐私,成为一个关键问题。学生应学习如何在 AI 系统设计中考虑数据隐私保护措施,如数据匿名化、隐私保护算法等,确保在使用 AI 技术时不侵犯用户的隐私权。

安全也是 AI 应用中的重要议题。AI 技术的广泛应用,尤其是在自动驾驶、医疗诊断等领域,直接关系到公共安全。学生需要理解 AI 系统中的安全漏洞和潜在风险,如算法的漏洞可能导致的错误决策,或 AI 系统被恶意利用的可能性。课程应通过案例分析,帮助学生认识到确保 AI 系统安全性的必要性,并探讨如何通过技术手段和政策措施提升 AI 的安全性。

在决策方面,AI 的应用带来了显著的便利,但同时也引发了对决策过程公平性和透明度的质疑。例如,AI 算法在招聘、信贷审批等领域的应用,可能会因数据偏见或算法设计问题而导致不公平的决策结果。课程应鼓励学生探讨如何在 AI 系统的设计和应用中保证公平性，减少偏见。通过分析实例，如算法偏见导致的种族或性别歧视，学生可以理解技术设计中的道德责任，学会在实际应用中保持公平和透明。

此外，课程还应引导学生关注 AI 技术对社会结构的变化。随着 AI 在各行各业的渗透，社会生产方式、经济模式甚至人际关系都在发生变化。学生应探讨 AI 技术可能带来的社会不平等加剧、数字鸿沟扩大等问题，并思考如何通过政策和技术手段，促进 AI 技术的普惠性，确保不同社会群体都能从技术进步中受益。

为了更好地理解这些复杂的社会影响，课程可以通过多种教学方法，如案例讨论、模拟辩论、专题研究等，鼓励学生积极参与。在这些讨论中，学生不仅能够提高对伦理问题的敏感性，还能培养在技术设计和应用中考虑道德责任的意识。这种全面的教育将帮助学生在未来的职业生涯中，不仅成为技术的使用者和开发者，更成为负责任的社会参与者，推动 AI 技术朝着更加公平、安全和可持续的方向发展。

2. 培养负责任的 AI 使用者

AI 伦理课程的最终目标是培养学生成为负责任的 AI 使用者，使他们能够在未来的职业生涯中合理、合乎道德地使用 AI 技术，避免可能产生的负面影响。这一目标不仅要求学生掌握 AI 技术的基本知识和应用技能，还需要他们具备在复杂社会环境中做出道德决策的能力。

首先，学生应当深入理解在各种情境下如何合理使用 AI 技术。AI 技术虽然在许多领域展现了巨大的潜力，但不当使用可能导致严重的社会问题，如侵犯隐私、加剧不平等甚至危及公共安全。课程应通过案例研究和情境模拟，帮助学生识别和评估 AI 技术应用中的潜在风险，培养他们在决策时考虑道德和社会影响的意识。例如，学生可以学习如何在数据收集和处理过程中保护用户隐私，如何设计公平且透明的 AI 算法，以及如何确保 AI 系统在关键应用场景中的安全性和可靠性。

此外，课程应当强调职业道德的重要性，帮助学生建立对 AI 技术使用的责任感。随着 AI 在各行业的广泛应用，未来的职业从业者不仅需要考虑技术的功能和效率，还必须关注技术对社会的长远影响。课程应鼓励学生在实际工作中始终坚持职业道德原则，如诚信、公平、尊重隐私等，并在面对复杂道德困境时，能够做出符合社会利益的决策。

为了实现这些教育目标，课程可以设计包括伦理困境的模拟案例，要求学生在面对道德挑战时，提出解决方案并解释其伦理依据。例如，学生可能需要思考如何在一个 AI 系统中平衡隐私保护与数据使用的矛盾，或如何在一个存在算法偏见的 AI 应用场景中，采取措施保证公平性。这种基于情境的学习将使学生在实际工作中更加自觉地将伦理考量纳入技术决策过程。

更进一步，课程应鼓励学生超越对 AI 技术潜在风险的理解，主动思考如何利用 AI 技术解决社会问题，推动"技术向善"的应用。AI 技术具有巨大的潜力，可以在医疗、教育、环境保护等多个领域产生积极的社会影响。通过课程学习，学生应当认识到 AI 技术不仅是一个工具，也是实现社会进步的重要手段。

例如，在医疗领域，AI 可以用于疾病预测和个性化治疗，显著提高医疗服务的效率和质量；在教育领域，AI 可以通过个性化教学帮助每个学生实现最佳学习效果；在环境保护方面，AI 可以用于监测和管理自然资源，帮助应对气候变化等全球性挑战。课程应通过这些实际案例，激发学生的创造力，鼓励他们探索如何将 AI 技术应用于解决紧迫的社会问题。

此外，课程还应倡导学生在未来的职业生涯中，积极参与 AI 技术的社会责任讨论和政策制定过程。AI 技术的发展离不开社会各界的共同努力，学生作为未来的技术专家和行业领袖，应该具备参与公共讨论的能力，并能为制定符合公众利益的技术政策贡献自己的力量。

通过这些教学内容和实践活动，课程最终将培养出一批具有社会责任感和道德意识的 AI 使用者。他们不仅能够在职业生涯中合理、合乎道德地使用 AI 技术，还能够主动推动 AI 技术的正向应用，为建设一个更加公平、安全和可持续的社会贡献力量。这种教育目标的达成，将为 AI 技术的健康发展提供坚实的人才基础，也为未来社会的和谐进步铺平道路。

综上所述，通过在第二课堂中设置基础 AI 课程、设计跨学科 AI 项目以及引入 AI 伦理课程，高校不仅能够普及人工智能知识，还能培养学生的综合能力和社会责任感。这些课程设置将为学生在未来的职业生涯中应用和创新 AI 技术奠定坚实的基础。

三、个性化学习与 AI

人工智能（AI）技术的引入正在彻底改变教育方式，尤其是在个性化学习方面。通过 AI 技术，教育可以更加关注每个学生的独特需求和学习习惯，从而为他们提供量身定制的学习体验。

（一）个性化学习路径

个性化学习路径是指根据学生的兴趣、能力和学习进度，调整学习内容和节奏，确保每个学生都能在最适合自己的方式和速度下学习。人工智能在这一过程中起着关键作用。

1. 兴趣和能力评估

AI 系统可以通过分析学生的学习历史、行为数据和测试结果，准确评估他们的兴趣和能力。例如，一个 AI 系统可以识别出某个学生在数学方面的兴趣较高且表现优异，而在文学方面相对薄弱。基于此，系统可以为学生推荐更具挑战性的数学课程，同时在文学方面提供更多的基础知识和练习。

2. 动态调整学习路径

AI 能够根据学生的实时表现和反馈，动态调整他们的学习路径。例如，如果某个学生在某一知识点上表现出困难，AI 系统可以自动提供额外的学习资源，如视频教程、练习题或补充阅读材料，帮助学生克服这一障碍。同时，如果学生在某个领域表现出色，AI 可以建议跳过相关内容或加速进度，让学生更快进入到新的学习阶段。

3. 个性化学习建议

AI 不仅可以调整学习内容，还可以根据学生的学习习惯和偏好，提供个性化的学习建议。例如，系统可以根据学生的学习时间和节奏，建议他们采用适合的学习方法，如分段学习、集中学习或定期复习。通过这些个性化的路径规划，AI 可以显著提升学生的学习效果和学习体验。

（二）学习数据分析

AI 通过大数据技术能够深度分析学生的学习行为，从而提供数据驱动的个性化教学建议。这种分析不仅帮助教师更好地理解学生的学习状态，也为学生提供了更精准的学习支持。

1. 行为跟踪与分析

AI 系统可以跟踪学生在学习平台上的各种行为数据，包括登录频率、学习时间、参与度、作业提交情况、测试成绩等。通过对这些数据的分析，AI能够识别出学生的学习模式、学习习惯和潜在问题。例如，系统可能发现某个学生在学习新内容时进展较慢，但在复习阶段表现出色，这可能表明该学生需要更多时间进行初步理解和概念掌握。

2. 教学改进建议

基于对学习数据的分析，AI可以为教师提供个性化的教学建议。例如，AI系统可以发现某一章节的学习效果普遍较差，并建议教师在该章节加强讲解或提供更多的辅助材料。此外，AI还可以帮助教师识别哪些学生需要更多的关注和帮助，从而在课堂上进行有针对性的指导。

3. 学生反馈与自我调节

通过学习数据的实时分析，AI可以为学生提供即时反馈，帮助他们了解自己的学习进展和存在的问题。这种反馈不仅包括学习成绩，还可以涵盖学习方法的建议和调整。例如，系统可以提示学生在哪些方面需要加强练习，或建议他们改变现有的学习策略，以便更有效地达到学习目标。

（三）自适应学习系统

自适应学习系统是AI在教育中的高级应用之一，它通过实时调整教学内容和策略，满足不同学生的个性化学习需求。

1. 实时调整教学内容

自适应学习系统可以根据学生的学习进度和理解情况，自动调整教学内容。例如，在一个在线课程中，系统可以在学生遇到难题时提供额外的解释和例题，或者在学生表现优异时加快课程进度。这种动态调整确保了每个学生都能够在适合自己的节奏中学习，而不会因为课程设计的统一性而感到过于困难或无聊。

2. 个性化学习体验

自适应学习系统还可以根据学生的学习偏好提供不同的学习体验。例如，对于视觉型学习者，系统可以增加更多的图表和视频内容；对于喜欢动手实践的学生，系统可以提供更多的互动式练习和实验操作。通过满足学生的个性化需求，自适应学习系统能够显著提高学习效果。

3. 持续学习优化

自适应学习系统还具有持续优化的能力。随着学生不断学习，系统会不断收集和分析他们的学习数据，并根据这些数据持续调整学习路径和内容。这种不断优化的过程确保了学生始终处于最适合他们的学习环境中，最大限度地发挥他们的学习潜力。

综上所述，人工智能通过个性化学习路径、学习数据分析和自适应学习系统，为学生提供了更加精准和灵活的学习支持。这些技术不仅提升了学生的学习效果，还为教育提供了更多的可能性，使得教学能够更加以学生为中心，更加个性化和高效。

四、AI 促进学生技能发展

人工智能（AI）技术不仅在学术研究和产业应用中具有广泛影响，还为学生技能的发展提供了全新的平台和工具。在高校的第二课堂中，AI 可以有效促进学生的编程与算法能力、创新思维与问题解决能力，以及软技能的发展。

（一）编程与算法能力培养

在当今的数字时代，编程和算法思维已成为基础技能之一。通过第二课堂中的 AI 项目和课程，学生可以大幅提升他们的编程能力和算法思维。

（1）AI 项目实践：第二课堂提供了一个自由探索的空间，学生可以参与到 AI 相关的项目中，通过实际编程任务加深对算法的理解。例如，学生可以在教师的指导下编写机器学习算法，开发简单的 AI 应用，如图像识别或自然语言处理。这些实践项目不仅帮助学生掌握编程语言（如 Python、R 等），还让他们体验到如何将数学、统计学等知识应用于实际问题解决中。

（2）算法思维的培养：算法思维是编程能力的重要组成部分，强调的是如何通过逻辑思维解决复杂问题。在 AI 课程中，学生可以学习各种经典算法和数据结构，如递归、动态规划、排序算法等，并通过动手编写代码来加深理解。通过不断的练习和项目开发，学生可以逐步培养出清晰、结构化的算法思维，这将为他们未来的技术创新打下坚实的基础。

（3）竞赛与挑战：为了进一步激发学生的学习兴趣，第二课堂还可以组织编程竞赛或算法挑战赛。通过这些竞赛，学生可以在竞争中检验自己的编程技能和算法设计能力，并与同伴交流学习经验。这种形式的实践不仅有助于巩固知识，还能培养学生的应变能力和团队合作精神。

（二）问题解决与创新思维

AI 在第二课堂中的应用不仅限于技术能力的培养，更重要的是通过案例学习和项目实践，帮助学生发展创新思维和复杂问题解决能力。

（1）案例学习：AI 课程可以通过现实世界中的案例分析，帮助学生理解 AI 如何用于解决复杂的社会问题。例如，学生可以学习如何利用 AI 进行医疗诊断、金融分析、城市规划等，通过对这些案例的深入分析，他们可以掌握如何将 AI 技术应用于多样化的场景。案例学习还可以激发学生的好奇心和创新意识，促使他们思考如何用 AI 创造新的解决方案。

（2）项目实践与创新：第二课堂为学生提供了广阔的实践平台，鼓励他们将课堂所学的理论知识应用于实际项目中。例如，学生可以参与到智能家居系统、自动驾驶模型或个性化推荐系统的开发中。这些项目不仅让学生动手操作，还要求他们在项目实施过程中解决各种实际问题，如数据处理、算法优化、系统集成等。这种实践经验对培养学生的创新思维尤为重要，因为它鼓励学生在面对挑战时思考新方法、尝试新技术，并从失败中总结经验。

（3）跨学科创新：AI 本身是一个高度跨学科的领域，第二课堂可以通过设计跨学科项目来进一步培养学生的创新思维。例如，结合 AI 与生物技术、艺术设计或社会科学，学生可以探索如何利用 AI 解决跨领域的问题。这种跨学科的创新实践不仅丰富了学生的知识结构，还培养了他们在不同领域中创造性应用 AI 的能力。

（三）软技能与 AI 结合

AI 不仅能够提升技术能力，还可以通过多种方式促进学生的软技能发展，如沟通技巧、团队协作和领导力等。

1. 沟通技巧

在 AI 项目的开发过程中，学生需要频繁与团队成员交流想法、讨论方案和解决问题。这种互动可以显著提高他们的沟通技巧，尤其是在技术细节的解释和项目进展的汇报上。同时，学生还可以通过撰写项目报告、制作演示文稿等方式，提升他们的书面表达能力和演讲技巧。

2. 团队协作

AI 项目通常涉及多个环节和学科，需要团队成员之间的紧密合作。第二课堂中的 AI 项目可以为学生提供丰富的团队合作经验，从项目规划、任务分配到最终的实施与调试，学生都需要与团队成员密切配合。这种合作不仅培养了学生的团队精神，还让他们学会如何在团队中发挥自己的优势，并有效处理团队合作中的冲突与挑战。

3. 领导力发展

在 AI 项目中，学生有机会担任项目经理或组长，负责项目的整体推进和团队的协调工作。这种角色不仅需要技术能力，还要求学生具备良好的领导力，如决策能力、组织能力和激励团队的能力。通过这些实践，学生可以逐步培养出成为未来技术领袖所需的核心领导力素质。

综上所述，AI 技术在第二课堂中的应用不仅能够提升学生的编程和算法能力，还能通过案例学习和项目实践培养他们的创新思维和问题解决能力。同时，AI 项目的团队合作和项目管理经验也为学生的软技能发展提供了重要支持。这些综合技能的培养将帮助学生在未来的职业生涯中更加自信地应对各种挑战，并在不断变化的技术环境中保持竞争力。

第二节 全球化背景下的第二课堂

一、全球化对高校第二课堂的影响

全球化加速了世界各地的联系与交流，深刻影响了各个领域的发展，尤其是在高等教育领域。高校第二课堂作为学生全面发展的重要平台，也在全球化背景下发生了显著变化。

（一）国际化教育需求的增长

随着全球化进程的推进，学生对国际化教育资源的需求显著增加。全球化使得国际化视野和跨文化能力成为当代人才必备的素质之一。学生希望通过国际化的教育资源，拓宽视野，了解世界不同地区的文化、经济和社会发展状况。这种需求推动了高校第二课堂的国际化发展。

为了满足学生对国际化教育的需求，高校在第二课堂中引入了更多国际化的课程和活动。例如，增设了关于全球治理、国际关系、跨文化沟通等课程，邀请来自不同国家的专家学者进行专题讲座和研讨。此外，高校还与海外大学建立了合作关系，通过交换生项目、联合课程等形式，为学生提供直接接触国际教育资源的机会。

这种国际化的发展趋势不仅丰富了第二课堂的内容，也为学生提供了更广阔的学习平台，使他们能够在全球化的背景下，理解和应对复杂的国际问题。同时，这也提升了高校的国际化水平，使其能够在全球教育竞争中占据有利地位。

（二）跨文化交流的重要性

全球化带来了文化的多元性和文化交流的频繁性。在这样的背景下，高校第二课堂成为不同文化背景的学生相互交流与合作的重要平台。通过跨文化交流，学生能够加深对其他文化的理解，培养文化包容性和跨文化沟通能力。

在第二课堂中，跨文化交流的重要性体现在多个方面。首先，高校通过举办国际文化节、跨文化工作坊和文化沙龙等活动，促进学生之间的文化交流。这些活动不仅让学生体验到不同文化的丰富性，也鼓励他们在多元文化的环境中思考和表达自己的观点，增强文化自信。

其次，跨文化项目和团队合作也是第二课堂中促进文化交流的重要方式。在这些项目中，来自不同国家和文化背景的学生需要共同合作，解决实际问题。这种合作不仅提升了学生的团队协作能力，还让他们在实践中学习如何处理跨文化差异和冲突，增强了他们在全球化背景下的适应力。

通过这些跨文化交流的实践，学生不仅能够丰富自己的文化体验，还能培养开放的心态和全球视野。这种多元文化理解与包容能力，对于学生未来在国际化的职场中获得成功至关重要。

（三）全球竞争力的培养

全球化背景下，企业和社会对人才的要求日益提高。具备全球视野、跨文化沟通能力和创新精神的人才，已成为各行业争相追逐的目标。高校的第二课堂在培养这种全球竞争力方面，扮演了重要角色。

为了培养学生的全球竞争力，高校在第二课堂中设计了多种培养策略。首先，课程设置上更加强调全球视野的培养，例如增加国际经济、全球市场分析、国际法律等课程，使学生在专业学习中融入全球化的视角。同时，通过与国际机构的合作，学生可以参与到全球性的项目和实习中，直接接触国际行业动态，提升他们的实践能力。

此外，第二课堂还注重培养学生的跨文化沟通能力。通过语言学习、跨文化交流项目以及国际会议和比赛的参与，学生能够在真实的跨文化环境中锻炼沟通技巧，学习如何在不同文化背景下进行有效的交流和合作。

最后，第二课堂中的创新教育也为学生的全球竞争力提升提供了助力。全球化要求人才具备应对复杂问题的能力和创新思维。高校通过创业项目、创新实验室和全球创新挑战赛等形式，鼓励学生在多元文化环境中探索新思路，提出创新解决方案。

通过这些多维度的培养，高校第二课堂帮助学生构建起应对全球化挑战的能力框架，使他们能够在未来的职业生涯中脱颖而出，具备参与全球竞争的实力。

总的来说，全球化对高校第二课堂的影响是深远而多层次的。国际化教育需求的增长、跨文化交流的重要性以及全球竞争力的培养，都是全球化背景下高校第二课堂发展的重要趋势。这些变化不仅为学生提供了更丰富的学习体验，也为他们在全球化时代取得成功奠定了坚实的基础。

二、国际化课程设置

在全球化背景下，高校的第二课堂需要通过国际化课程设置来培养学生的全球化思维能力、语言能力以及跨文化交流能力。以下是对国际化课程设置的详细探讨，包括引入全球视角的课程、加强外语学习与应用以及组织国际专题研讨和讲座。

（一）引入全球视角的课程

为了帮助学生更好地理解全球化背景下的复杂问题，高校在第二课堂中应设计和推广结合国际视角的课程。这些课程不仅有助于提升学生的全球化思维能力，还能为他们未来的国际化职业生涯打下坚实基础。

1. 全球经济课程

在全球化经济的推动下，理解国际经济形势和市场动态已成为每个学生的重要任务。通过开设全球经济课程，学生可以学习国际贸易、全球金融市场、跨国企业管理等内容，掌握如何在全球范围内分析经济问题并制定策略的能力。这样的课程可以通过案例分析和实地调研，使学生在实践中理解全球经济的运作机制。

2. 国际关系课程

随着全球化进程的加快，国际关系成为一个关键领域。高校可以在第二课堂中开设国际关系课程，涵盖外交政策、国际组织、全球安全等主题。通过模拟联合国等活动，学生可以在互动中学习国际谈判和冲突解决的技巧，培养他们的外交意识和全球政治素养。

3. 跨文化沟通课程

在全球化背景下，跨文化沟通能力变得至关重要。高校应设置跨文化沟通课程，帮助学生理解和应对文化差异。课程内容可以包括文化理论、跨文化管理、国际礼仪等，通过角色扮演、案例讨论等方式，学生可以在模拟的跨文化环境中实践沟通技巧，提升在多元文化背景下的沟通能力。

通过这些全球视角的课程，学生不仅能够扩展知识领域，还能在全球化的视野下培养批判性思维和解决问题的能力，为未来的国际化工作环境做好准备。

（二）外语学习与应用

外语学习是国际化教育的重要组成部分，尤其在第二课堂中，通过多语言环境和国际项目的推动，学生的语言能力和跨文化交流能力能够得到显著提升。

1. 多语言学习环境

高校可以通过设置多语言课程，如西班牙语、法语、德语等，丰富学生的外语学习选择。这些课程不仅可以教授语言技能，还可以融入相关国家的文化内容，使学生在学习语言的同时加深对该文化的理解。此外，高校还可以通过创建语言学习社区、举办语言角活动等，为学生提供实践和交流的机会，让语言学习变得更加生动有趣。

2. 国际项目与交流

在第二课堂中，高校应通过各种国际项目来加强外语应用。例如，参与国际交换生项目、海外实习或国际志愿者活动，学生可以在真实的跨文化环境中使用外语，提升语言运用能力。通过这些国际化的实践，学生不仅能锻炼外语能力，还能增强他们的跨文化适应力和沟通能力。

3. 外语讲座与工作坊

为了深化学生的外语学习，高校可以定期组织外语专家和母语者主持的讲座和工作坊。这些活动可以涵盖语言学习技巧、跨文化交流经验分享等内容，通过互动式的教学，帮助学生在更高层次上掌握外语，并学会在跨文化交流中自如地运用语言。

通过加强外语学习与应用，学生不仅能够掌握多种语言，还能在多语言环境中进行有效的沟通和合作，提升他们在国际舞台上的竞争力。

（三）国际专题研讨和讲座

国际专题研讨和讲座为学生提供了直接接触国际学术和专业领域的机会，是高校第二课堂中国际化课程设置的重要部分。

1. 邀请国际专家

高校应定期邀请国际专家和学者来校举办专题讲座和研讨会。这些讲座可以涵盖各类国际前沿问题，如全球健康、环境可持续发展、国际商业创新等。通过与国际专家的直接对话，学生能够了解最新的国际研究动态，开拓学术视野，并与来自世界各地的学者建立联系。

2. 多学科跨国研讨会

高校可以组织多学科的国际研讨会，邀请不同领域的专家共同探讨全球性议题。学生可以通过参与这些研讨会，学习跨学科的研究方法，提升分析和解决复杂问题的能力。此外，这种多学科的国际研讨会还可以为学生提供合作研究的机会，培养他们在国际学术领域的合作精神。

3. 学生主导的国际讨论

为了鼓励学生的主动性，第二课堂还可以设置由学生主导的国际讨论平台。例如，学生可以组织全球热点问题的圆桌讨论、国际文化论坛等活动。在这些讨论中，学生不仅可以锻炼他们的领导力和组织能力，还能在与国际同行的对话中深化对全球问题的理解。

综上所述，通过引入全球视角的课程、加强外语学习与应用以及组织国际专题研讨和讲座，第二课堂的国际化课程设置可以有效提升学生的全球化思维、语言能力和跨文化交流能力。这些国际化教育资源的整合，不仅为学生提供了丰富的学习内容，还为他们在全球化时代的职业发展打下了坚实的基础。

三、跨国项目与合作

在全球化日益加深的背景下，跨国项目与合作已成为高校第二课堂的重要组成部分。这些项目不仅为学生提供了宝贵的国际化实践机会，还培养了他们的全球视野、研究能力和合作意识。

（一）跨国交流项目

跨国交流项目是培养学生国际化视野和实践能力的有效途径。通过在全球不同国家的高校和企业中进行实践，学生能够亲身体验不同文化和工作环境的差异，提升他们的适应能力和跨文化沟通能力。

1. 高校间的学生交换项目

高校可以与海外院校建立学生交换项目，使学生有机会到其他国家的大学进行短期或长期的学习交流。通过这些项目，学生不仅能够体验不同的教育体系和教学方法，还能与来自世界各地的同学建立联系，丰富他们的国际化社交网络。这种学习经历有助于开阔学生的视野，让他们在多元文化的环境中成长。

2. 海外实习与企业合作项目

高校还可以与国际知名企业合作，安排学生到海外企业进行实习。这些实习项目使学生能够将理论知识应用于实际工作中，并在全球化的商业环境中锻炼他们的实践能力。此外，学生还可以通过观察和参与国际企业的运营，学习到全球化背景下的企业管理和运营策略，为未来的职业发展奠定基础。

3. 文化交流与社会实践

跨国交流项目不仅限于学术和职业发展，高校还可以组织学生参加海外的文化交流和社会实践活动。例如，通过国际志愿者项目或文化交流计划，学生可以深入了解其他国家的文化传统和社会问题，增强他们的社会责任感和全球公民意识。

通过这些跨国交流项目，学生不仅能获得丰富的国际化学习经验，还能培养出在多元文化背景下进行有效沟通和合作的能力，为未来的国际职业生涯做好充分准备。

（二）国际合作研究

国际合作研究项目是跨国合作的重要形式之一，通过推动学生参与全球性问题的跨国研究，学生的研究能力和全球合作意识得到了显著提升。

1. 跨国研究团队的建立

高校可以与国际研究机构或海外大学合作，建立跨国研究团队。学生在这些团队中可以与来自不同国家和背景的研究人员合作，参与到全球性问题的研究中，如气候变化、公共健康、能源安全等。这种跨国合作不仅能提升学生的研究能力，还能让他们在研究过程中学习如何与国际同行进行有效的沟通与协作。

2. 国际科研项目的参与

高校可以通过与海外大学的合作，提供学生参与国际科研项目的机会。例如，学生可以在导师的指导下，参与到跨国合作的研究项目中，从中获得宝贵的研究经验和技能。这种参与不仅能增强学生的科研能力，还能培养他们的创新思维和解决复杂问题的能力。

3. 全球性问题的解决

通过国际合作研究项目，学生能够直接参与到解决全球性问题的过程中。这种实践经验让学生深入理解全球问题的复杂性，并培养他们的全球责任感和领导能力。学生在跨国研究团队中的合作经验，也为他们未来在国际组织或跨国企业中工作奠定了基础。

通过参与国际合作研究，学生能够在全球视野下进行学术探索，并通过与国际同行的合作，提升他们的研究水平和合作能力，为未来的全球化挑战做好准备。

（三）双学位与联合培养项目

双学位与联合培养项目是高校与海外大学深化合作的重要形式，为学生提供了更多的国际学习和研究机会，拓宽了他们的学术和职业前景。

1. 双学位项目的设计与实施

高校可以与海外知名大学合作，设立双学位项目。学生在完成该项目后，可以获得两所高校的学位。这种项目不仅丰富了学生的学术背景，还增强了他们的就业竞争力。双学位项目通常要求学生在两所合作高校之间进行学术交流和课程学习，使学生能够接触到不同的教育体系和学术资源，全面提升他们的知识水平和研究能力。

2. 联合培养项目的合作

除了双学位项目，高校还可以与海外大学联合开展培养项目，为学生提供更加灵活和多样化的国际学习机会。例如，联合培养项目可以包括跨国学术交流、联合科研项目、国际暑期学校等，通过这些活动，学生可以在全球范围内进行学术探讨和研究合作。这种联合培养的模式，使学生在全球化背景下拓宽了学术视野，同时也加强了他们在国际学术界的联系和影响力。

3. 全球化教育体系的建设

通过双学位和联合培养项目的开展，高校可以推动全球化教育体系的建设。这种教育模式不仅为学生提供了丰富的国际化学习资源，还通过与海外高校的紧密合作，促进了学术资源的共享和教育质量的提升。学生通过参与这些项目，不仅获得了国际认可的学术资格，还具备了在全球化时代中应对复杂挑战的能力。

综上所述，跨国交流项目、国际合作研究以及双学位与联合培养项目，是高校第二课堂中跨国项目与合作的核心组成部分。通过这些项目，学生不仅能在全球化的环境中锻炼自己的学术和实践能力，还能培养出国际化视野和全球竞争力，为未来的国际职业生涯奠定坚实的基础。

四、全球化背景下的实践与体验

在全球化的背景下，高校的第二课堂不仅局限于理论学习，还注重通过实践与体验来培养学生的全球视野和跨文化适应能力。以下是关于海外实习与社会实践、国际志愿者项目以及文化交流与沉浸式体验的详细探讨。

（一）海外实习与社会实践

海外实习与社会实践为学生提供了宝贵的国际工作经验，使他们能够在全球化的职场中获得实际操作技能和对不同社会的深刻理解。

1. 国际工作环境的接触

通过海外实习项目，学生有机会在国际公司、非政府组织或政府机构中工作，直接接触不同国家的工作文化和管理模式。这种实习经历不仅让学生学会如何在多元文化的职场环境中有效沟通和协作，还帮助他们了解全球化背景下的行业发展趋势和职业要求。学生在海外实习中积累的国际工作经验，为他们未来的职业生涯奠定了坚实的基础。

2. 社会实践与社会问题的理解

社会实践项目通常涉及学生在海外参与社区服务、发展项目或社会研究。这些实践活动使学生能够深入了解不同国家和地区的社会问题，如贫困、环境保护、教育不平等等。在实践过程中，学生不仅学会了如何在实际环境中应用所学知识，还通过与当地居民的互动，增强了他们对不同社会背景和文化的理解与尊重。

3. 跨文化适应能力的培养

海外实习和社会实践的另一个重要作用是培养学生的跨文化适应能力。在异国他乡，学生需要面对语言障碍、文化差异以及新的社会习惯，这促使他们迅速适应新的环境，并发展出灵活应对和解决问题的能力。这种跨文化适应能力，对于未来在国际化职场中工作的学生来说，至关重要。

通过海外实习与社会实践，学生不仅能够获得国际化的职业经验，还能在真实的社会情境中提升他们的跨文化能力和社会责任感，为未来的全球职业生涯做好准备。

（二）国际志愿者项目

国际志愿者项目是培养学生全球公民意识和责任感的有效途径。通过服务他人和社会，学生能够更深刻地理解全球化带来的挑战和机遇，并在全球社区中发挥积极作用。

1. 服务与社会责任的培养

国际志愿者项目通常涉及教育、医疗、环境保护、人道援助等领域。学生通过参与这些项目，为弱势群体提供支持和帮助，增强了他们的社会责任感。通过亲身体验和服务，学生学会了如何为他人和社会贡献力量，理解了全球社会中不同群体面临的困难和需求。

2. 全球公民意识的形成

在国际志愿者项目中，学生不仅为他人服务，还与来自世界各地的志愿者和社区成员合作。这种跨文化的合作经历，帮助学生认识到全球公民的意义，即在全球社会中承担共同责任，推动世界的可持续发展。学生通过这些项目，逐步形成了全球视角，理解了个人行为与全球问题之间的联系。

3. 领导力与团队协作能力的提升

国际志愿者项目通常要求学生在团队中工作，甚至担任团队领导角色。通过组织和协调志愿者活动，学生能够提升他们的领导力和团队协作能力。这些技能在未来的国际化职业生涯中极为重要，因为它们帮助学生在复杂的全球环境中有效管理和领导团队。

国际志愿者项目不仅让学生在实践中成长，还培养了他们的全球公民意识和责任感，使他们在未来能够积极参与全球社会的建设与发展。

（三）文化交流与沉浸式体验

文化交流与沉浸式体验是帮助学生在多元文化环境中理解和体验全球化变化的重要方式。这些项目通过互动和体验，使学生在全球化的现实中获得深刻的文化理解和适应能力。

1. 国际文化节与跨文化活动

高校可以组织国际文化节、跨文化工作坊等活动，为学生提供直接接触和体验不同文化的机会。在这些活动中，学生可以参与到国际美食、传统舞蹈、艺术展览等多种文化展示中，增进他们对全球文化多样性的理解。通过这种直接的文化体验，学生能够欣赏不同文化的独特之处，增强对文化多样性的尊重与包容。

2. 语言与文化沉浸体验

沉浸式体验项目通常包括语言学习与文化体验相结合的内容,例如通过语言课程、住家体验、社区参与等方式,使学生能够在目标语言环境中学习和生活。通过这些沉浸式体验,学生不仅能快速提高语言能力,还能深入了解所在国的社会习俗、文化背景和生活方式,培养出更强的文化适应力和跨文化沟通能力。

3. 国际交流与网络构建

文化交流项目还为学生提供了建立国际人脉网络的机会。通过与国际同行的互动,学生能够在全球化的背景下建立个人和专业的联系网。这种网络不仅有助于学生的学术和职业发展,还为他们未来在全球范围内的合作提供了重要资源和支持。

文化交流与沉浸式体验使学生能够在多元文化的环境中发展出全球视野和适应能力,这些能力在全球化时代尤为重要。通过这些项目,学生不仅学会了如何在不同文化背景下有效沟通和合作,还为他们未来在全球化社会中的成功奠定了基础。

综上所述,全球化背景下的实践与体验通过海外实习与社会实践、国际志愿者项目以及文化交流与沉浸式体验,为学生提供了丰富的国际化学习和成长机会。这些实践活动不仅提升了学生的职业能力和跨文化适应力,还培养了他们的社会责任感和全球公民意识,使他们能够在全球化社会中发挥积极的作用。

五、全球化背景下的数字化与技术创新

在全球化的背景下,数字化与技术创新为高校第二课堂提供了全新的学习方式和合作模式。这些技术不仅打破了地域和时间的限制,还为学生提供了丰富的全球化学习资源和互动机会。以下是关于在线国际课程与资源共享、虚拟交流与合作以及全球教育科技的创新应用的详细探讨。

(一)在线国际课程与资源共享

在线国际课程和资源共享是数字化技术在全球化教育中的重要应用,极大地丰富了学生的学习内容,拓宽了他们的国际化视野。

1. 打破地域限制的学习平台

数字化平台使学生可以在任何时间、任何地点访问全球范围内的在线课程。这些课程通常由国际知名大学和教育机构提供，涵盖从基础学科到前沿研究的广泛内容。通过这些平台，学生不仅可以学习不同国家的教育资源，还可以接触到全球最先进的知识和技术。比如，学生可以通过 Coursera、edX 等平台，选修来自哈佛大学、斯坦福大学等顶尖学府的课程，这种学习机会在传统课堂中是难以实现的。

2. 多语言与多文化的资源整合

在线国际课程还提供了多语言支持和多文化内容，使学生能够在原语言环境中学习。这不仅提升了学生的语言能力，还帮助他们更深入地理解不同文化背景下的知识体系。例如，通过学习用西班牙语、法语或中文教授的课程，学生可以直接体验这些语言和文化的独特思维方式，增加他们的文化敏感度和适应能力。

3. 全球资源的共享与合作

数字化平台不仅提供课程，还可以共享研究资源、学术论文、教学视频等多种学习材料。通过这些资源，学生能够获得全球范围内的学术成果，丰富他们的研究视野。高校还可以利用这些平台，与其他国家的大学合作，共享教学资源和研究成果，推动国际学术交流和合作。

通过在线国际课程与资源共享，学生能够打破地域限制，获得全球化的学习资源和知识储备，从而在全球化背景下提升他们的学术水平和国际竞争力。

（二）虚拟交流与合作

虚拟现实（VR）、增强现实（AR）和视频会议等技术，为实现跨国界的虚拟交流与合作项目提供了可能。这些技术不仅丰富了学生的学习体验，还创造了新的国际合作模式。

1. 虚拟现实（VR）与增强现实（AR）在教育中的应用

VR 和 AR 技术可以为学生提供沉浸式的学习体验，使他们在虚拟环境中探索全球化的现实问题。例如，通过 VR 技术，学生可以虚拟参观世界著名的博物馆、历史遗址或自然景观，增强他们对不同文化和历史的理解。AR 技术则可以在现实环境中叠加虚拟信息，为学生提供更直观的学习材料，如通过 AR 应用在解剖课中展示人体器官的 3D 模型，帮助学生更好地理解复杂的生物学知识。

2. 视频会议与虚拟合作项目

视频会议技术使得跨国界的学术交流和合作变得更加便捷。高校可以通过视频会议组织国际研讨会、学术讨论会或合作项目，让学生与来自全球的同行和专家实时交流。例如，一个跨国团队可以利用视频会议平台，联合开发一个科研项目或商业计划书，学生通过这种虚拟合作，不仅学会了如何在跨文化团队中工作，还能获得宝贵的国际合作经验。

3. 虚拟实验室与远程科研

虚拟实验室技术允许学生在远程操作和参与实验，打破了物理实验室的限制。通过这种技术，学生可以与全球的研究人员共同开展实验，实时分享数据和研究成果。这种远程科研合作，不仅提升了学生的动手能力和实验技巧，还促进了全球科研资源的共享与合作。

通过虚拟交流与合作技术的应用，学生可以在全球化背景下，突破空间的限制，参与到国际化的学术交流和合作中，获得丰富的学习体验和合作经验。

（三）全球教育科技的创新应用

教育科技的创新应用在全球化背景下极大地提升了高校第二课堂的国际化水平，为支持全球化教育的发展提供了新的动力。

1. 个性化学习与智能化教学

教育科技的进步使得个性化学习成为可能。通过 AI 和大数据分析技术，学生可以获得量身定制的学习路径和资源推荐。例如，AI 系统可以根据学生的学习进度、兴趣爱好和学术需求，自动推荐相关的国际课程和学习材料，帮助他们在全球化的学习环境中高效成长。这种智能化教学不仅提高了学习效果，还使学生能够更好地适应个体差异，满足多样化的学习需求。

2. 全球化课堂的创新设计

教育科技还推动了全球化课堂的创新设计。例如，混合式学习（Blended Learning）结合了线上和线下教学的优势，使学生可以在全球范围内选择课程，并在本地进行实践操作。另一种创新设计是 MOOCs（大规模开放在线课程），它使得全球数百万学生可以同时参与到一个课程中，进行在线学习和互动。这种全球化课堂的设计，打破了传统课堂的时间和空间限制，使学生能够更灵活地安排学习计划，并与全球同学和教师互动。

3. 教育平台与国际合作

全球化教育平台的兴起，使得高校能够与国际合作伙伴更紧密地协作，共享教学资源和研究成果。例如，通过云计算平台，高校可以与全球的教育机构联合开发课程，进行跨国学术研究，并在全球范围内推广。这种教育科技的创新应用，进一步推动了全球教育资源的整合与共享，提升了全球化教育的整体水平。

通过全球教育科技的创新应用，高校能够在全球化背景下提供更加灵活和多样化的学习模式，使学生能够充分利用全球资源，实现个性化成长。这不仅提高了第二课堂的国际化水平，也为学生在全球化社会中的成功奠定了坚实的基础。

总之，全球化背景下的数字化与技术创新，通过在线国际课程与资源共享、虚拟交流与合作，以及全球教育科技的创新应用，为高校第二课堂带来了前所未有的机遇。这些技术不仅扩展了学生的学习渠道，还提升了他们的国际化视野和合作能力，为全球化教育的发展提供了强有力的支持。

第三节　创新与创业教育的融合

一、创新教育

（一）创新课程设计

创新课程的设计应涵盖多个学科和领域，鼓励学生跨学科学习和思考。例如，在科学与艺术结合的课程中，学生可以通过项目制学习，运用设计思维解决实际问题。这些课程不仅培养了学生的创新思维，还提升了他们在复杂环境中解决问题的能力。课程应让学生在实际项目中锻炼和应用所学知识。通过实际项目，如产品设计、社会问题解决方案等，学生可以体验从问题定义、方案设计到实际实施的全过程，逐步提升他们的创新实践能力。

设计思维是一种以用户为中心、强调快速迭代的创新方法。课程设计中应引入设计思维的训练模块，让学生通过反复的设计、测试和改进，掌握创新的基本方法和技巧。这种思维方式不仅适用于产品开发，还可以用于服务创新和商业模式设计。

（二）创新实验室

1. 多功能创新空间

创新实验室的设计应以多功能空间为核心，以满足不同学科、不同项目的创新需求。多功能创新空间不仅是传统意义上的实验室，更是一个充满创意和协作的创新基地。为了支持学生在各个领域的创新实验，实验室应配备先进的设备和技术工具，如3D 打印机、激光切割机、VR 设备等。

3D 打印机和激光切割机为学生的创意实现提供了极大的便利。3D 打印技术可以快速将学生的设计图纸转化为实体模型，帮助他们更直观地测试和改进自己的创意。而激光切割机则可以精确加工各种材料，帮助学生在原型制作过程中节省时间，提高效率。这些设备的配备，使学生能够在实验室中从构思到成品，完整地体验创新项目的全过程。

此外，VR 设备的引入为实验室增添了虚拟现实的创新维度。通过 VR 技术，学生可以在虚拟环境中测试他们的设计方案，例如模拟建筑物的结构、体验新产品的用户界面，甚至进行虚拟实验。这种技术的应用，不仅提高了学生的设计和实验能力，还拓宽了他们的创新思路，使他们能够在更广阔的创意空间中探索和创新。

为了促进团队合作和跨学科交流，实验室还应设有开放工作区。这些工作区应配备便捷的网络连接和协作工具，支持学生随时进行讨论和共享资源。开放工作区不仅有助于团队内部的合作，还为不同团队之间的知识交流和创意碰撞提供了平台。这种开放式的设计，鼓励学生在一个动态、灵活的环境中工作，从而激发更多的创新灵感。

2. 专业指导与资源支持

创新实验室的成功运作不仅依赖于物理设备的完善，还需要专业指导与资源支持的强大后盾。为此，实验室应配备专业导师，他们在指导学生创新项目的全过程中扮演着重要角色。

专业导师的作用不仅限于技术指导，他们还应帮助学生从创意的初步构想到项目的全面实施。导师们可以帮助学生细化项目构思，制定可行的实施计划，并指导他们在项目推进过程中克服技术和管理上的挑战。导师们丰富的行业经验和技术专长，是学生在面对复杂问题时的重要支持，他们的指导能够有效提升项目的成功率。

此外，实验室应建立与校内外资源的紧密对接，为学生提供更广泛的支持。这些资源包括校内的技术平台、研究机构、图书馆等，以及校外的行业专家、企业合作伙伴、投资人等。例如，当学生在项目开发中遇到技术难题时，实验室可以快速对接校内的技术平台，提供相应的技术支持；当项目需要进行市场测试或寻找商业合作时，实验室可以联系行业专家或企业合作伙伴，为学生提供实际的市场反馈和资源支持。

通过这些资源的整合和利用，创新实验室不仅是学生进行实验的场所，更是他们迈向实际成果转化的重要平台。这种全方位的支持体系，帮助学生在创新过程中不断提升自身能力，并最大限度地提高项目的成功率。

3. 创新项目孵化

为了进一步推动学生创新项目的落地和发展，创新实验室应设立创新项目孵化器。孵化器的目标是为那些具有潜力的创新项目提供从概念到市场化的全程支持，帮助学生将创意转化为实际成果。

资金支持是创新项目孵化的重要环节。孵化器可以通过校内资金池、校友基金或与外部投资机构的合作，为项目提供早期的启动资金。这些资金可以用于项目的原型开发、市场调研、专利申请等关键步骤，帮助项目快速进入下一个发展阶段。

技术支持方面，孵化器应利用实验室的技术资源，为项目提供必要的技术开发支持。例如，孵化器可以组织专家团队，帮助项目组解决技术难题，优化产品性能，确保项目能够顺利推进。同时，孵化器还可以提供专利申请、技术保护等方面的咨询服务，帮助学生保护他们的创新成果。

市场推广是项目孵化的另一个关键环节。孵化器应帮助学生进行市场分析，制定推广策略，甚至直接对接校内外的市场资源和销售渠道。通过与企业合作或参与展会、比赛等活动，孵化器可以为学生的创新项目寻找潜在的商业合作伙伴和客户，加速项目的市场化进程。

孵化器的设立，使得创新实验室不仅是学生进行实验和开发的场所，还成为真正意义上的创新孵化平台。通过资金、技术、市场等方面的全面支持，孵化器帮助学生将创意变为现实，从而培养出一批具有市场竞争力的创新型人才。

三、创新比赛与竞赛

创新比赛与竞赛是培养学生创新能力的重要途径，通过实际参与和竞争，学生能够将课堂所学知识付诸实践，并在真实的竞争环境中提升自身的创造力和团队合作能力。以下是对创新比赛与竞赛的详细阐述。

（一）多样化比赛形式

为了充分激发学生的创新热情，学校应组织多种形式的创新比赛，涵盖创业、技术、设计等各个领域。这些比赛不仅为学生提供了展示创意的平台，还鼓励他们在实践中不断挑战自我、突破思维限制。

创业大赛是培养学生商业思维和创业能力的重要形式。通过创业大赛，学生可以学习如何将创意转化为商业计划，并通过市场调研、产品开发、财务规划等环节，锻炼他们的商业管理能力。这种比赛形式尤其注重实际操作，学生不仅要提出具有创新性的商业理念，还需制定详细的实施方案，最终向评委展示完整的创业计划。

创客马拉松是一种强调快速原型设计和团队合作的比赛形式。参赛者通常在短时间内完成从创意构想到产品原型的全过程。创客马拉松通常聚焦于技术创新，参赛团队需要结合不同领域的技术，如编程、硬件开发、设计思维等，在规定时间内完成项目并进行展示。这种比赛形式培养了学生的快速反应能力和团队合作精神，同时激发了他们在高压环境下的创造力。

科技创新比赛则侧重于技术研发和应用创新，参赛者需要运用科学知识和技术手段解决实际问题。比赛内容可以涵盖从人工智能到环保技术的广泛领域，学生在比赛中既可以展示他们的科研能力，也可以通过与其他参赛者的互动，学习不同领域的技术创新经验。

这些比赛形式的多样性，不仅吸引了不同兴趣和专业背景的学生参与，还为他们提供了一个在实践中提升创新能力的机会。比赛过程既考核了学生的创新能力，又关注了他们的团队协作和项目实施能力，使得学生能够在全方位的锻炼中成长。

（二）跨学科团队合作

创新比赛中的跨学科团队合作是实现创新突破的重要途径。在比赛中，来自不同学科的学生可以组成团队，结合各自的专业优势，共同提出综合性的解决方案。这种跨学科合作不仅丰富了项目的内容和视角，还提升了项目的可行性和市场竞争力。

例如，在创业大赛中，工科学生可以负责技术开发，商科学生则可以进行市场分析和财务规划。这种合作模式能够确保项目在技术上可行的同时，也具有商业上的可行性，最终提高了项目的成功率和市场吸引力。

跨学科团队合作还有助于培养学生的沟通和协调能力。不同专业背景的学生在合作中需要不断调整和磨合，学会如何在多样化的团队中表达自己的想法，同时尊重并整合他人的意见。这种团队合作的经验，对学生未来在跨学科环境中的职业发展具有重要的借鉴意义。

此外，跨学科合作也鼓励了知识的跨界应用。学生们在比赛中不仅学会了如何运用自己的专业知识，还能够通过与其他学科的融合，发现新的创新点和应用场景。这种综合性的学习体验，不仅提升了学生的创新能力，还培养了他们在复杂环境中解决问题的能力。

（三）创新成果展示与推广

比赛结束后，创新成果展示与推广是激励学生的重要环节。学校应组织专门的展示会，为学生提供展示其创新成果的平台，并邀请企业、投资人、行业专家等参与观摩。

创新成果展示会不仅是一个总结和庆祝的机会，更是学生与外部资源对接的桥梁。在展示会上，学生可以通过海报、模型、演示等多种形式，直观地展示他们的创新项目。这不仅为他们提供了宝贵的反馈机会，也让他们有机会与外界建立联系，获得更多的支持和资源。

展示会还可以邀请企业和投资人参与，为学生的项目提供实际的商业化机会。优秀的创新项目在展示会上可能会引起企业和投资人的兴趣，从而获得投资或合作的机会，加速项目的市场化进程。对于学生来说，这是一个从学术研究向实际应用转化的重要平台，也是他们迈向职业生涯的重要一步。

此外，创新成果展示会还可以促进创新文化的传播。通过展示学生的创新成果，学校可以激励更多的学生参与到创新活动中来，形成良好的创新氛围。同时，这也是学校展示其创新教育成果的重要途径，有助于提升学校的影响力和声誉。

综上所述，通过多样化的比赛形式、跨学科的团队合作以及创新成果展示与推广，学校的创新比赛与竞赛不仅提升了学生的创新能力，还为他们提供了宝贵的实践经验和资源对接机会。这种全方位的培养模式，不仅帮助学生在竞争中脱颖而出，还为他们未来的职业发展奠定了坚实的基础。

二、创业教育

（一）创业课程设置

1. 系统化创业教育体系

在当今复杂多变的商业环境中，系统化的创业教育体系是培养学生创业能力的基础。为了确保学生在创业过程中具备全面的知识和技能，创业课程应从基础到高级，逐步深入，形成一个结构完整的教育体系。

创业教育的起点应从创业基础课程开始，这些课程旨在为学生打下扎实的理论基础。基础课程应涵盖创业的基本概念、创业生态系统的构成、创业者的角色与责任等内容。通过这些课程，学生能够全面了解创业的全貌，明确创业过程中各个环节的重要性，并初步建立起对创业的系统性认知。

在掌握基础知识后，学生应逐步进入更高层次的学习领域，如商业计划和市场分析课程。商业计划课程帮助学生学习如何构建完整的商业计划，包括产品或服务的定位、目标市场的识别、竞争分析、营销策略的制定等。市场分析课程则重点教导学生如何通过数据分析和市场调研，准确评估市场需求和竞争态势。这些课程不仅提升了学生的分析能力，还培养了他们在复杂商业环境中做出战略决策的能力。

创业过程中充满了不确定性，风险管理课程因此成为创业教育的重要环节。通过风险管理课程，学生可以学习如何识别、评估和应对创业中的各种风险，如财务风险、市场风险、法律风险等。课程内容应包括风险评估模型的建立、风险规避策略的制定以及应急预案的实施等。此外，学生还应学习如何在危机中保持冷静和理智，作出迅速而有效的决策。

整个创业教育体系应强调理论与实践相结合。课程内容不仅要涵盖理论知识，还应结合实际案例教学，帮助学生将所学的理论知识应用到实际情境中。这种系统化的教育体系，不仅为学生提供了全面的知识储备，还帮助他们在实践中不断磨练和提升自己的创业能力。

2. 案例教学与实战演练

案例教学与实战演练是创业课程中不可或缺的部分，通过真实案例和模拟环境的结合，学生能够深入理解创业过程中的实际挑战，并在实践中掌握解决策略。

在创业课程中，教师应大量使用成功或失败的创业案例进行教学。这些案例可以来自各个行业、不同发展阶段的企业，从初创公司到上市公司，从传统行业到新兴科技领域。通过分析这些案例，学生可以了解到创业过程中可能遇到的各种挑战，如资金短缺、市场竞争、管理团队冲突等，同时也能学习到如何成功应对这些挑战的策略。

成功的案例可以激励学生，引导他们学习成功企业家的经验和做法，而失败的案例则可以作为警示，提醒学生注意创业中的潜在风险。教师在讲授这些案例时，应鼓励学生积极参与讨论，提出自己的看法和建议，这种互动式教学不仅增加了课程的趣味性，还帮助学生深入思考和反思创业过程中的关键问题。

除了理论学习，创业课程还应通过模拟创业情景和商业计划比赛，提供实战演练的机会。模拟创业情景可以让学生在虚拟的商业环境中进行创业实践，如设立一家虚拟公司，制定商业策略，并应对模拟市场中的各种挑战。这种模拟训练可以帮助学生积累实践经验，提升他们在真实创业环境中的应变能力和决策能力。

商业计划比赛是另一种有效的实战演练方式。学生可以组队参加比赛，从商业创意的提出、市场调研、产品设计到商业计划的撰写和演示，经历完整的创业过程。比赛不仅考察了学生的综合能力，还通过竞争激发了他们的创业热情。在比赛过程中，学生可以接受评委的反馈，学习如何改进自己的计划，最终提升创业项目的可行性和市场竞争力。

3. 创业心态培养

成功的创业不仅依赖于技术和商业知识，更需要一种坚韧不拔的创业心态。课程设置应注重培养学生的创业心态，帮助他们在面对挫折和失败时保持积极的态度和持续的动力。

创业过程中，失败是不可避免的。因此，课程应帮助学生做好应对失败的心理准备。通过讨论创业失败的案例，教师可以引导学生认识到失败是创业过程中宝贵的学习机会，而不是结束的标志。学生应学会如何从失败中总结经验，找到问题的根源，并制定改进策略。这样的心理准备有助于学生在创业路上保持坚定和乐观的态度。

创新是创业的核心驱动力，课程应通过各种方式培养学生的创新思维。教师可以通过设计思维工作坊、创新挑战赛等活动，鼓励学生跳出常规思维框架，探索新的解决方案。这种创新思维不仅体现在产品或服务的开发上，还可以应用于商业模式的设计、市场策略的制定等各个方面。通过持续的创新训练，学生将逐渐形成一种灵活、多变的思维模式，为创业过程中应对各种复杂问题做好准备。

创业环境变化迅速，创业者必须具备持续学习和调整的能力。课程应鼓励学生保持终身学习的态度，主动获取最新的市场信息和技术动态，及时调整自己的创业策略。通过学习行业案例、参加专业讲座和研讨会等方式，学生可以不断提升自己的专业能力和市场敏感度。同时，课程还应强调在实践中反思和调整的重要性，帮助学生在创业过程中不断优化他们的商业模式和运营策略。

综上所述，系统化创业教育体系通过基础到高级的系统性学习、案例教学与实战演练以及创业心态的培养，全面提升了学生的创业能力。这种教育模式不仅帮助学生掌握了创业所需的理论知识和实践技能，还塑造了他们在复杂商业环境中坚韧不拔的创业精神，为他们未来的创业成功打下了坚实的基础。

（二）创业孵化平台

创业孵化平台在高校中扮演着至关重要的角色，它为学生创业提供了从概念到市场化的全方位支持。通过多层次支持体系、资源整合与共享，以及创业项目的评估与跟踪，孵化平台帮助学生将创新构想转化为实际的商业成果。

1. 多层次支持体系

创业孵化平台的成功运作依赖于其能够提供的多层次支持体系，这种支持涵盖了创业的各个关键阶段，帮助初创企业在早期发展过程中稳步前进。

创业导师指导是孵化平台的重要组成部分。导师通常是经验丰富的企业家、投资人或行业专家，他们不仅为学生提供战略性建议，还帮助他们应对实际运营中的挑战。导师的指导涵盖了从商业模式设计、团队管理、市场进入策略到融资技巧等多个方面，学生在导师的帮助下，可以避免许多初创企业常见的错误，加速企业的发展。

种子资金资助对于初创企业尤为重要。由于早期阶段的创业项目往往面临资金不足的困境，孵化平台应提供种子资金，帮助学生启动项目。这些资金可以用于研发、原型制作、市场调研等关键环节，确保项目能够顺利进入下一个发展阶段。此外，孵化平台还可以帮助学生联系天使投资人或风投机构，为他们争取进一步的融资机会。

办公空间提供则为学生创业提供了实际的工作环境。孵化平台应设有现代化的联合办公空间，配备必要的办公设备和会议室，供初创企业使用。这样的办公环境不仅方便团队的日常运作，还促进了孵化平台内各个创业团队之间的互动与合作，形成良好的创业生态系统。

为了促进学生与导师之间的深度交流，孵化平台还应组织定期的创业沙龙和导师见面会。这些活动为学生提供了与行业专家面对面交流的机会，使他们能够获得宝贵的建议和反馈，同时也为导师了解学生项目的进展和需求提供了渠道。通过这些活动，学生能够拓展人脉，获取更多的资源和支持，从而推动项目的持续发展。

2. 资源整合与共享

创业孵化平台的另一大功能是整合和共享各种资源，帮助学生创业项目更快地实现市场化。

首先，孵化平台应整合校内资源，如技术研发平台、实验室、图书馆等，为学生提供技术支持和数据资源。例如，当学生的创业项目涉及新技术的开发时，孵化平台可以对接学校的实验室和研究机构，提供必要的技术研发支持。此外，图书馆和数据中心也可以为学生提供行业报告、市场分析等资料，帮助他们更好地了解市场需求和竞争态势。

其次，孵化平台应积极拓展和利用校外资源。通过与企业、行业协会、投资机构的合作，孵化平台可以为学生提供市场推广渠道、供应链支持、法律咨询、财务管理等全方位的创业服务。例如，平台可以与市场营销公司合作，帮助学生的产品进行市场推广和品牌建设，或者与法律事务所合作，提供知识产权保护和合同起草等法律服务。这些校外资源的整合，不仅提高了学生创业项目的专业性和市场竞争力，还缩短了项目从研发到上市的时间。

资源共享是孵化平台的重要理念，通过共享技术资源、市场资源和人力资源，学生可以更快地将创业构想转化为市场化产品。例如，多个创业团队可以共享同一技术平台，进行产品开发和测试；在市场推广上，平台可以组织联合展览或发布会，帮助学生的产品在市场上获得更多的曝光率。此外，人力资源的共享也非常重要，孵化平台可以为各团队提供公共的行政、财务和人力资源服务，使他们能够专注于核心业务的开发和创新。

3. 创业项目评估与跟踪

为了确保创业项目的持续进展和成功，创业孵化平台应建立系统化的创业项目评估与跟踪机制。

平台应定期对在孵项目进行阶段性评估，评估内容包括项目进展、市场反应、技术开发情况、团队运作等。这些评估可以帮助学生识别项目中的潜在问题，并及时调整战略和计划。例如，如果一个项目的市场推广遇到瓶颈，平台可以建议团队调整营销策略，或者引入专业的营销顾问来提供指导。

评估过程中，孵化平台应提供针对性的帮助和建议，如推荐相关的专家或合作伙伴，帮助学生克服技术或市场上的难题。此外，平台还应根据评估结果，提供进一步的资源支持，如增加资金投入或扩展市场推广渠道，确保项目能够在竞争激烈的市场中获得成功。

对于那些具有较大发展潜力的项目，孵化平台应考虑提供更深入的投融资对接和市场推广支持。例如，平台可以组织投融资路演，邀请投资人了解学生的创业项目，争取更多的资金支持。同时，平台还可以协助项目团队进行市场扩展，如帮助他们进入国际市场或开拓新的客户群体。这些支持措施不仅帮助项目加速成长，还为学生提供了宝贵的实战经验和资源积累。

通过系统化的评估与跟踪，孵化平台能够确保每个创业项目都在健康、可控的轨道上发展，最大限度地提升项目的成功率。这种全程跟踪和支持的机制，使得学生不仅能从中获得丰富的创业经验，还能有效减少创业失败的风险，增加创业成功的机会。

综上所述，创业孵化平台通过多层次支持体系、资源整合与共享以及创业项目的评估与跟踪，为学生提供了从初创到市场化的全方位支持。这种系统化、综合性的孵化模式，不仅提升了学生创业的成功率，还为他们未来在商业世界中的发展打下了坚实的基础。

通过创新教育和创业教育的深度融合，高校的第二课堂为学生提供了全面的创新与创业技能培养平台。创新课程设计、实验室建设、比赛与竞赛的组织，以及系统化的创业课程、孵化平台、校企合作，不仅提升了学生的实践能力和创造力，还为他们未来的职业发展和创业实践奠定了坚实的基础。这种教育模式将有效激发学生的创新精神和创业热情，培养出具有全球竞争力的创新型人才。

参考文献

[1] 北京未来新世纪教育科学研究所编. 第二课堂［M］. 呼和浩特：远方出版社，2005.01.

[2] 张廷，于健，胡一铭主编. 高职院校第二课堂探索与研究［M］. 北京：北京理工大学出版社，2021.06.

[3] 姜利寒著，庞国伟著，龙柯著. 高校第二课堂建设［M］. 成都：四川大学出版社，2020.12.

[4] 王守力著. 大学体育第二课堂的构建研究［M］. 长春：吉林出版集团股份有限公司，2022.06.

[5] 罗妍妍. 西南交通大学第二课堂质量保障工作手册［M］. 成都：西南交通大学出版社，2021.06.

[6] 梅鲜著. 高校思想政治教育第二课堂建设研究［M］. 上海生活·读书·新知三联书店，2023.01.

[7] 宗骞编；孙宜学，宗骞，陈毅立总主编. 国际学生感知中国第二课堂［M］. 上海：同济大学出版社，2021.11.

[8] 朱国军，陈文娟等著. 高校第二课堂成绩单建设的探索与实践［M］. 苏州：苏州大学出版社，2020.09.

[9] 张媛馨，尹国亮，李仕超编. 高校第二课堂理论与实践 以材料与化工类专业为例［M］. 成都：四川大学出版社，2022.12.

[10] 包璐璐著. 高校学术研究论著丛刊 基于心理学视域下的高校第二课堂实践育人有效性研究［M］. 北京：中国书籍出版社，2023.09.

[11] 赵建庆. 赋能高校图书馆第二课堂 课程思政等教育模式创新探究［M］. 上海：上海社会科学院出版社，2023.10.

[12] 李建宇主编. 学眼看中国 云南大学第二课堂学生论文选辑［M］. 昆明：云南大

学出版社，2019.05.

[13] 乐上泓编著. 高校第二课堂成绩单制度体系的理论与实践探索 以闽江学院为例 [M]. 北京：光明日报出版社，2021.04.

[14] 常天义，郑崇辉编. 高等学校素质教育与第二课堂 [M]. 哈尔滨：哈尔滨工程大学出版社，2007.08.

[15] 张德江主编. 长春工业大学第二课堂的优质教育 [M]. 长春：东北师范大学出版社，2014.09.

[16] 周国桥."三全育人"视阈下高校第二课堂育人的创新探索 [J]. 学校党建与思想教育，2020，（10）：52-54.

[17] 魏培徽，马化祥，马莉萍. 高校第二课堂与大学生创新素质培养的关系研究 [J]. 思想教育研究，2011，（10）：99-102.